AI 핀테크와 재테크

인공지능총서

인공지능 시대입니다. 기계가 인간의 인지를 대신하고, 사물이 인간을 통하지 않고 다른 사물과 직접 커뮤니케이션합니다. 이에 따른 인간 삶과 문명 변화를 정확히 이해·예측·대응하는 것은 이 시대 우리 모두의 과제입니다. 인공지능총서는 인공지능 기술과 환경의 여러 주제를 10가지 키워드로 정리합니다. 관련 개념과 이론, 학계와 산업계의 쟁점, 우리 일상의 변화를 다룹니다. 인간과 기술의 현재, 미래를 세심히 분석합니다.

일러두기

- 인명, 작품명, 저서명, 개념어 등은 한글과 함께 괄호 안에 해당 국가의 원어를 병기했습니다.
- 외래어 표기는 현행 어문규정의 외래어표기법을 따랐습니다. 다만 '딥러닝', '딥마인드', '딥페이크' 등은 관행을 따랐습니다.

처음이세요?

전문가세요?

AI 핀테크와 재테크

임명수

대한민국, 서울, 커뮤니케이션북스, 2024

AI 핀테크와 재테크

지은이 임명수
펴낸이 박영률

초판 1쇄 펴낸날 2024년 12월 23일

커뮤니케이션북스(주)
출판 등록 2007년 8월 17일 제313-2007-000166호
02880 서울시 성북구 성북로 5-11
전화(02) 7474 001, 팩스(02) 736 5047
commbooks@commbooks.com
www.commbooks.com

ISBN 979-11-7307-326-7 03500

책값은 뒤표지에 표시되어 있습니다.

차례

AI와 핀테크 시대의 재테크 혁명: 개인 투자자들의 새로운 기회와 윤리적 도전

21세기에 접어들면서 금융 산업은 그 어느 때보다 빠르고 혁신적인 변화를 겪고 있다. 그 변화의 중심에는 인공지능(AI)과 핀테크(FinTech) 기술이 자리 잡고 있다. 과거에는 금융과 투자 관리가 복잡한 전문가의 영역으로만 여겨졌지만, 이제는 AI와 핀테크의 도움으로 이러한 복잡한 절차들이 일반 대중에게도 열리고 있다. AI는 이제 더 이상 연구실에서 다루는 추상적인 개념이 아니라, 우리의 일상 속에서 다양한 금융 활동을 근본적으로 변화시키고 있는 핵심 기술로 자리매김하고 있다. 특히, 재테크 분야에서 AI는 자산 관리와 투자 전략을 완전히 재편하고 있으며, 그 영향력은 개인 투자자들까지도 체감할 수 있는 수준에 이르렀다.

최근 몇 년 동안 AI와 핀테크 기술은 금융 서비스의 거의 모든 영역에서 급격한 발전을 이룩했다. 이제 AI는 투자 관리, 자산 배분, 금융 거래, 신용 평가 등 다양한 분야에서 중요한 역할을 담당하고 있으며, 금융의 미래를 이끌고 있다. AI의 자동화와 예측 분석 기능은 금융 거래의 복잡성을 줄이고, 투자자들이 더 나은 결정을 내리는 데 도움을 준다. 예를 들어, AI 기반의 로보어드바이저(Robo-Advisor)는 고객의 투자 성향과 리스크 허용도를 분석하여 최적의 자산 배분 전략을 제안한다. 로보어드바이저의 등장은 금융 전문가들만이 접근할 수 있었던 자산 관리 영역을 일반인들에게도 개방했고, 이로 인해 더 많은 사람들이 재테크 활동을 보다 효율적으로 관리할 수 있게 되었다. AI는 이러한 자산 배분 과정을 자동화하고 효율적으로 관리하여, 투자자들이 더 전략적이고 현명한 결정을 내릴 수 있도록 돕고 있다.

또한, 금융 거래에서도 AI 알고리즘을 이용함으로써 실시간으로 변동하는 시장 데이터를 분석하여 신속한 대응이 가능해졌다. 이를 통해 금융 시장의 불확실성을 줄이고, 보다 안정적인 투자 환경을 제공할 수 있다. 금융 산업이 점점 더 글로벌화되고 실시간 데이터를 처리하는 능력이 중요해짐에 따라, AI의 역할은 더욱 커질 것으로 예상된다. 이 책은 AI와 핀테크 기술이 재테크에 어떻게 응용될 수 있는지를 쉽게 설명하고, 개인 투자자들이 이를 일상생활에서 어떻게 효과적으로 활용할 수 있는지에 대한 구체적인 방법을 제시하기 위해 기획되었다. AI 기술이 단순한 개념적인 것에 그치지 않고 실질적인 도구로 사용되어 자산 관리와 투자 전략을 개선할 수 있다는 점을 강조하고자 한다.

독자들이 AI와 핀테크 기술을 이해하는 것에 그치지 않고, 이를 실제 투자와 재테크 전략에 어떻게 적용할 수 있을지를 실용적인 가이드를 통해 제공하는 것이 이 책의 목적이다. 재테크는 더 이상 금융 전문가나 부유한 개인들만의 특권이 아니라, 누구나 접근할 수 있는 대중적인 활동으로 자리 잡고 있다. AI와 핀테크 기술이 재테크 분야에서 빠르게 확산되면서 대중의 관심도 급격히 증가하고 있다. 과거에는 금융 전문가나 자산가들만이 접근할 수 있었던 재테크의 문이 이제는 핀테크 기술 덕분에 더 많은 사람들에게 열리게 되었다. 로보어드바이저, P2P 대출, 크라우드 펀딩과 같은 핀테크 서비스는 이미 많은 사람들이 일상적으로 활용하는 대중적인 재테크 수단이 되었다.

핀테크 기술은 전통적인 금융 기관의 높은 진입 장벽을 낮추어, 누구나 손쉽게 자산 관리와 투자에 접근할 수 있도록 만들었다. 핀테크 서비스는 금융 서비스를 디지털화하고, AI 기술을 접목하여 더 정교한 맞춤형 설루션(solution)을 제공함으로써 사용자들이 더 나은 금융 결정을 내릴 수 있도록 돕는다. 이와 같은 변화는 금융의 민주화를 이끌어 냈고, 이제는 누구나 금융 전문가의 도움 없이 스스로 자산을 관리할 수 있는 시대가 열렸다. AI와 핀테크 기술을 활용해 개인 투자자들은 더 이상 은행이나 금융 전문가에 의존하지 않고, 스스로 재테크 계획을 수립하고 실행할 수 있는 새로운 기회를 얻었다.

이 책은 변화하는 금융 환경 속에서 개인 투자자들이 AI와 핀테크 기술을 활용해 자산을 관리하는 시대적 흐름에 맞추어 독자들에게 실질적인 도움이 될 수 있는 구체적인 재테크 전략을 소개하고자 한다. 독자들이 이러한 변화를 이해하고, 그 변화에 적응하여 더욱 현명한 재테크 결정을 내릴 수 있도록 돕는 것이 이 책의 목표다.

AI와 핀테크 기술은 앞으로 금융 시장을 더욱 자동화하고, 개인화된 서비스로 발전시킬 것이다. 미래의 금융 환경은 현재보다 훨씬 더 빠르게 변화할 것이며, 투자자들은 이 변화에 대비해야 한다. AI와 핀테크 기술이 적용된 자동화된 자산 배분 시스템, 투자 전략 추천 서비스, 실시간 리스크 관리 도구는 개인 투자자뿐만 아니라 금융 전문가들에게도 필수 도구가 될 것이다. 이 도구들은 투자자들이 금융 시장의 변동성에 적응하고, 더욱 효율적으로 자산을 관리할 수 있게 도와줄 것이다. 따라서 투자자들이 금융 시장에서 경쟁력을 유지하기 위해서는 AI 기술을 이해하고 이를 재테크 전략에 활용하는 방법을 숙지하는 것이 필수다.

AI 기반 시스템은 실시간으로 금융 시장의 변동을 예측하고, 이에 맞춰 최적의 투자 전략을 제시한다. 이러한 변화는 단순히 기술 발전을 의미하는 것이 아니라, 금융 시장에서 새로운 경쟁력을 요구하는 환경을 만들어낸다. 이 책은 AI와 핀테크 기술의 발전 방향을 설명하고, 독자들이 이러한 변화에 대비할 수 있도록 실용적이고 구체적인 재테크 전략을 제공하는 데 중점을 두고 있다. 변화하는 금융 환경에서 성공적인 재테크를 위한 필요한 모든 정보와 전략을 제공하기 위해, 이 책은 다양한 사례와 기술적 접근을 바탕으로 독자들에게 실질적인 혜택을 제공할 것이다.

그러나 AI와 핀테크 기술이 가져오는 혁신적인 변화에는 윤리적 문제도 함께 동반된다. AI 알고리즘의 편향성, 데이터 프라이버시 침해, 자동화로 인한 일자리 감소 등은 오늘날 우리가 직면한 중요한 과제다. AI 기술이 발전함에 따라 금융 서비스는 점점 더 개인화되고 효율화되지만, 이러한 과정에서 소비자의 데이터는 어떻게 보호될 것인지, 알고리즘이 편향되지 않도록 어떤 방법으로 관리할 것인지에 대한 고민이 필요하다.

AI는 데이터를 기반으로 작동하는 만큼, 그 데이터의 질과 정확성이 결과의 공정성과 직접적으로 연결된다. 따라서 데이터 편향성 문제는 매우 민감한 이슈며, 잘못된 데이터는 잘못된 결정을 초래할 수 있다. 예를 들어, 특정 지역의 인구나 경제적 상황에 따라 데이터가 편향되면, 금융 서비스의 공정성이 훼손될 수 있다. 알고리즘이 특정한 데이터 세트에 치우치면 금융 의사 결정 과정에서 공정성을 잃고, 불공정한 결과가 나올 가능성이 커진다. 더 나아가, 자동화된 시스템이 대규모로 도입되면, 노동 집약적인 업무가 AI로 대체될 수 있으며, 이로 인해 일자리 감소와 같은 사회적 문제도 발생할 수 있다.

이러한 윤리적 문제들을 해결하기 위한 규제와 정책적 대응이 필수적이다. AI의 발전이 불가피한 만큼, 그에 따른 사회적 책임과 윤리적 문제를 해결하기 위한 노력이 함께 진행되어야 한다. 금융 기관과 핀테크 기업들은 기술 혁신에만 집중하는 것이 아니라, 이 기술들이 사회에 미치는 영향을 고려한 윤리적 기준을 세울 필요가 있다.

이 책은 기술 발전의 윤리적 측면을 균형 잡힌 시각에서 다루며, 독자들이 AI 기술의 장점과 단점을 모두 명확히 이해할 수 있도록 돕는다. AI가 가져올 변화에 대한 현실적인 기대와 그 이면에 숨겨진 윤리적 고민을 함께 제시함으로써, 독자들이 보다 책임감 있는 금융 결정을 내릴 수 있도록 안내할 것이다. AI와 핀테크 기술의 발전은 금융 산업의 새로운 국면을 열어 줄 것이지만, 그 발전 속도에 걸맞은 사회적 책임과 윤리적 고려가 필요하다는 점도 강조한다.

결국, AI와 핀테크 기술은 금융 서비스와 재테크의 미래를 완전히 바꿀 핵심 동력이다. 이 기술들이 제공하는 혁신적인 도구들을 잘 활용하는 것은 금융 소비자와 투자자들에게 필수적인 과제가 되었다. 개인 투자자와 금융 기관은 기술의 빠른 발전 속도에 맞춰 이를 제대로 이해하고 활용하는 것이 중요하며, 동시에 기술의 윤리적 문제에도 주의를 기울여야 한다. AI와 핀테크 기술을 올바르게 활용하는 것은 단순히 경제적 성과를 넘어서, 사회적 책임을 다하는 데에도 중요한 역할을 할 것이다.

이 책은 이러한 모든 측면을 고려하여, 독자들이 AI와 핀테크 기술을 통해 더 나은 금융 생활을 영위할 수 있도록 구체적인 전략과 정보를 제공하는 가이드가 될 것이다. 기술적 혁신을 이해하고 실생활에 적용하는 방법을 찾는 독자들에게 이 책이 유용한 나침반이 되기를 기대한다. AI와 핀테크 시대에 맞는 새로운 재테크 방식과 그 속에서의 윤리적 책임을 함께 고민하며, 이 책을 통해 독자들이 더 현명하고 책임감 있는 금융 생활을 영위하길 바란다.

이제 금융 산업은 AI와 핀테크를 통해 새롭게 진화하고 있으며, 우리는 이러한 변화 속에서 기술의 장점과 도전 과제를 이해하고 그에 맞는 새로운 전략을 세워야 할 시점에 있다. 이 책이 그러한 금융 혁신의 여정에서 중요한 동반자가 되길 기대한다.

1장 'AI 시대의 도래'는 AI가 금융 산업 전반에 어떻게 침투했는지를 설명하는 출발점이다. AI가 금융 서비스의 자동화, 예측 분석, 맞춤형 서비스 제공 방식에 도입되면서, 전통적인 금융의 모습이 어떻게 변했는지 이해하기 쉽게 설명하려고 했다. AI의 금융 도입 초기 단계와 함께 그 발전 과정, 그리고 금융업에 끼친 거시적 변화를 살펴봄으로써 독자들이 AI 기술이 금융 혁신을 어떻게 이끌었는지 이해할 수 있도록 기획한 아이템이다. 이는 독자들이 AI와 금융의 융합이 어떤 배경에서 이루어졌는지를 이해하는 데 필요한 필수적인 기초를 제공하기 위해 설정되었다.

2장 '금융 소비자의 새로운 역할'은 AI와 핀테크 기술의 발전으로 금융 소비자가 단순한 소비자가 아닌 능동적인 플레이어로 전환되는 과정을 설명하기 위해 선택한 아이템이다. 과거에는 금융 전문가나 은행에 의존해야 했던 서비스들이 AI와 핀테크의 등장으로 소비자 스스로 관리할 수 있게 된 것이 핵심이다. 소비자가 AI 기반 툴을 활용해 스스로 투자 계획을 수립하고, 자산을 효과적으로 배분하며, 실시간으로 재정 상태를 모니터링하는 능력을 갖추게 되었음을 강조했다. 이를 통해 AI가 금융 소비자들에게 더 많은 권한과 선택권을 부여하는 과정을 상세히 다루고자 했다.

3장 'AI와 재테크'에서는 AI 기술이 어떻게 재테크 활동에 구체적으로 응용되는지를 설명하려고 했다. 이 아이템에서는 로보어드바이저와 같은 AI 기반 설루션이 자산 배분, 투자 조언, 리스크 관리 등에서 개인 맞춤형 서비스를 제공함으로써 재테크의 효율성을 높이는 방식을 설명하려 했다. 또한 AI가 실시간으로 시장 데이터를 분석하고, 미래의 금융 변동성을 예측하여 투자 결정을 돕는 방식을 다루었다. 이를 통해 AI 기술이 재테크에 어떤 혁신을 가져왔는지, 그리고 독자들이 이를 활용해 자신의 투자 성과를 어떻게 향상할 수 있는지를 구체적으로 설명하기 위해 이 아이템을 설정했다.

4장 'AI가 바꾸는 금융 인식'은 AI가 금융 서비스에 대한 소비자의 인식과 접근 방식을 어떻게 변화시켰는지 설명하기 위해 설정한 아이템이다. AI 기반의 디지털 금융 서비스는 소비자들에게 더 빠르고, 개인화된 경험을 제공하며, 전통적인 금융 서비스의 한계를 극복하게 해주는 도구로 자리 잡았다. 여기서는 전통 금융 서비스와 비교해 디지털 금융의 장점과 단점을 함께 다루며, AI가 금융에 대한 접근성을 어떻게 바꾸었는지를 설명하려고 했다. AI의 등장으로 금융 서비스가 어떻게 간편해지고 더 많은 사람들이 참여할 수 있게 되었는지를 구체적으로 설명하려 했다.

5장 '금융 기관의 AI 도입'에서는 AI가 금융 기관에 도입되면서 발생한 혁신과 변화를 중점적으로 다루고자 했다. 은행, 보험사, 투자 기관 등에서 AI가 어떤 방식으로 운영 효율성을 극대화하고, 새로운 비즈니스 모델을 창출하는지 설명한다. 예를 들어, 대출 심사 자동화, 리스크 관리 최적화, 고객 서비스 개선 등 AI가 금융업에 어떻게 실질적인 변화를 가져왔는지 다루었다. 특히 AI가 기존 금융 기관의 업무 프로세스에 얼마나 큰 효율성을 제공했는지, 이를 통해 기업이 얻은 이점들을 구체적인 사례를 통해 설명하려고 했다.

6장 'AI와 재테크 생활'은 AI 기술이 일상 속 재테크 활동에 구체적으로 어떻게 영향을 미치는지 설명하기 위해 선택한 아이템이다. AI를 활용한 자동화된 자산 관리 시스템, 실시간 투자 모니터링 도구 등을 통해 소비자가 일상 속에서 재테크 활동을 어떻게 개선할 수 있는지 설명했다. 이 아이템에서는 개인 투자자들이 AI 기술을 적용해 투자 결정을 더 쉽게 내리고, 일상적으로 재테크 생활에서 어떤 혁신을 경험할 수 있는지를 설명하기 위해 구체적인 사례를 중심으로 다뤘다.

7장 '핀테크의 미래'는 AI와 핀테크의 융합이 앞으로 금융 산업에 어떤 변화를 가져올지를 전망하기 위한 아이템이다. 핀테크가 AI와 함께 더 발전할 가능성, 이로 인해 금융 산업이 맞이하게 될 혁신을 예측하고자 했다. AI와 핀테크의 결합이 어떻게 금융 서비스를 더욱 혁신적이고 개인화된 방식으로 변화시킬 것인지, 그로 인해 금융 산업의 미래가 어떻게 재편될 수 있을지를 설명했다. 특히, 새로운 비즈니스 모델과 기술 발전이 금융 생태계에 미치는 영향도 다루고자 했다.

8장 '디지털 금융의 시대'는 AI와 핀테크 기술이 디지털 금융의 핵심 동력이 되었음을 강조하기 위해 설정한 아이템이다. 금융 서비스가 점점 더 디지털화되면서 소비자들은 모바일 및 온라인 금융 서비스를 더 자주 이용하게 되었다. 이 아이템에서는 AI와 블록체인, 스마트 계약 등의 기술이 결합되어 어떻게 금융 서비스가 자동화되고, 디지털화되며, 사용자에게 실시간으로 혜택을 제공하는지를 설명했다. 이를 통해 독자들에게 디지털 금융의 전반적인 구조와 혜택을 명확히 전달하고자 했다.

9장 'AI와 금융 리스크 관리'는 AI 기술이 금융 리스크 관리에서 새로운 도구로 어떻게 활용되는지 설명하기 위해 선택한 아이템이다. 금융 거래의 이상 징후를 실시간으로 감지하고, 사기 행위를 사전에 차단하는 방식 등 AI가 리스크 관리에서 중요한 역할을 하는 구체적인 사례를 중심으로 설명하려 했다. AI가 전통적인 리스크 관리 방식보다 훨씬 정교하고 빠르게 작동하며, 금융 기관들이 더 안전하고 효율적인 운영을 할 수 있도록 지원하는 방식을 다루었다.

10장 'AI 시대의 윤리적 금융'은 AI 도입으로 인해 발생하는 윤리적 문제를 중점적으로 다루기 위해 설정한 아이템이다. AI 알고리즘이 금융 의사 결정에 미치는 영향, 데이터 편향성 문제, 개인 정보 보호, 자동화로 인한 일자리 감소 등의 이슈를 다루며, AI가 사회적 책임과 윤리적 기준을 어떻게 준수해야 하는지 설명했다. AI 기술이 금융 산업을 혁신하는 동시에 윤리적 문제를 초래할 수 있다는 점을 강조하며, 이를 해결하기 위한 정책적 대응 및 사회적 논의를 제시하려고 했다.

이 아이템들은 AI와 핀테크가 금융 전반에 미치는 영향, 그로 인한 기회와 윤리적 문제를 깊이 있게 다루기 위해 설정되었다. 각 아이템은 특정한 금융 활동 영역에서 AI가 어떻게 변화를 주도하고 있는지를 설명하며, 독자들이 금융 기술 혁신을 구체적으로 이해하고 활용할 수 있도록 돕고자 했다.

01
AI 시대의 도래

AI의 도래는 전 세계 금융 산업에 급격한 변화를 가져오고 있다. 금융 서비스의 자동화, 고객 맞춤형 서비스, 리스크 관리 등에서 AI는 핀테크의 중추적인 역할을 하며, 이를 통해 금융 시스템 자체가 재구성되고 있다.

AI와 1인 창업?

금융 자동화와 맞춤형 서비스의 혁신: 효율성과 고객 경험의 대전환

AI는 금융 업계 전반에서 업무 자동화를 가속화하며 금융 서비스의 패러다임을 변화시키고 있다. 특히 전통 금융사에서 AI 도입은 대출 심사, 자산 관리, 고객 응대 등 다양한 분야에서 생산성과 효율성을 극대화하는 데 크게 기여하고 있다. 예를 들어, 미국의 대형 은행 JP모건체이스(JPMorgan Chase)는 AI 기반의 코인(COIN, Contract Intelligence) 시스템을 통해 수십만 건의 대출 계약을 처리하는 데 걸리는 시간을 기존의 36만 시간에서 단 몇 초로 단축했다. 이러한 AI 기술의 도입은 금융사 내부 프로세스를 자동화하고, 수작업에 의존하던 많은 업무를 AI가 대체함으로써 비용 절감과 동시에 처리 속도를 대폭 향상했다.

한국의 주요 은행들도 AI 기반의 챗봇 시스템을 도입하여 24시간 고객 응대 서비스를 제공하고 있다. 이는 고객들이 언제 어디서든 금융 관련 문의를 해결할 수 있도록 도와주며, 특히 디지털에 익숙한 젊은 세대와 디지털 네이티브 고객들로부터 긍정적인 반응을 얻고 있다. AI 기반 챗봇은 사용자의 요청을 실시간으로 처리하고, 간단한 금융 거래나 계좌 관련 문의를 해결하는 데 효율적이다. 이는 전통적인 콜센터 서비스의 대기 시간을 줄여 주고, 금융사 내부의 고객 서비스 비용을 절감하는 데도 기여하고 있다.

맞춤형 서비스 제공 역시 AI의 강력한 도구 중 하나다. AI는 방대한 양의 고객 데이터를 분석하여 각 고객의 금융 상황, 소비 패턴, 투자 성향 등을 파악하고, 이를 바탕으로 개인화된 금융 설루션(solution)을 제안할 수 있다. 예를 들어, 미국의 웰스 파고(Wells Fargo)는 AI 기반의 맞춤형 투자 포트폴리오 서비스를 운영하고 있으며, 이는 고객의 투자 성향과 리스크 허용도를 분석해 최적의 투자 전략을 추천한다. 기존의 금융 자문 서비스보다 더 개인화된 서비스를 제공함으로써 고객의 만족도를 높이고 있으며, 로보어드바이저(Robo-Advisor)의 발전으로 인해 자산 관리 서비스의 접근성도 대중화되고 있다. 특히 자산 규모가 작은 고객들도 이제 AI 기반 자문을 통해 비용 효율적인 서비스를 받을 수 있게 되면서, 금융의 민주화가 이루어지고 있다.

리스크 관리와 보안 강화: AI가 지배하는 금융 리스크의 새로운 장

금융 산업에서 AI의 또 다른 중요한 역할은 리스크 관리와 보안 분야에서의 혁신이다. 전통적인 규칙 기반의 리스크 관리 시스템은 정해진 패턴이나 규칙을 바탕으로 이상 거래를 감지했으나, AI 기반 시스템에서는 훨씬 더 정교하고 빠른 대응이 가능하다. AI는 금융 거래에서 발생할 수 있는 이상 징후나 사기 행위를 실시간으로 탐지하고 예방하는 데 효과적이다. 예를 들어 미국의 대형 금융사 시티그룹(Citigroup)은 AI 시스템을 통해 거래에서 발생하는 금융 리스크를 실시간으로 감시하고 있으며, 이를 통해 잠재적인 사기 거래를 사전에 차단하고 있다.

AI는 이러한 리스크 관리 외에도 금융사 내부에서 발생할 수 있는 운영 리스크나 규제 위반 가능성을 예측하는 데도 사용된다. 과거의 데이터와 패턴을 분석해 잠재적인 위험 요소를 사전에 식별하고, 이를 방지하기 위한 적절한 조치를 제안함으로써 내부 운영의 효율성을 높이고 있다. 특히 금융 규제가 강화되면서 금융사들은 규제 준수를 위한 비용과 노력이 증가하고 있는데, AI는 이를 효율적으로 해결할 수 있는 수단으로 자리 잡고 있다. 규제 준수에 필요한 데이터를 자동으로 분석하고, 그에 따른 조치를 실시간으로 수행함으로써 규제 위반에 따른 리스크를 줄일 수 있다.

보안 측면에서도 AI는 금융 업계에 강력한 보호막을

제공한다. 금융 거래에서 발생하는 방대한 데이터를 실시간으로 분석해 이상 징후를 빠르게 포착할 수 있으며, 이를 통해 금융 범죄를 예방하는 역할을 한다. AI는 점점 더 복잡해지고 정교해지는 사이버 공격에 대응할 수 있는 필수 도구로 활용되고 있으며, 이를 통해 금융사들이 보다 안전한 거래 환경을 유지할 수 있게 돕는다. 이러한 보안 기능은 금융사뿐만 아니라 핀테크(FinTech) 스타트업들에게도 중요한 경쟁력으로 작용하고 있다.

AI 도입에 따른 윤리적 문제와 일자리 감소: 새로운 과제와 해결 방안 모색

AI가 금융 산업에 제공하는 혁신적인 혜택과 더불어 AI가 초래하는 윤리적 문제와 일자리 감소라는 새로운 과제도 함께 부상하고 있다. AI가 금융 의사 결정에 널리 도입됨에 따라 그 과정에서 발생하는 데이터 편향성 문제가 중요한 이슈로 대두되고 있다. AI 알고리즘이 학습하는 데이터가 불균형하거나 특정 그룹에 편향될 경우, 결과적으로 불공정한 금융 서비스가 제공될 수 있다. 미국의 모기지 대출 심사에서 AI가 사용된 초기 사례에서는 특정 인종이나 지역에 대한 편향성이 드러났으며, 이러한 편향된 결과는 금융 소비자들에게 큰 불이익을 초래할 수 있다.

이 문제를 해결하기 위해서는 AI 알고리즘의 투명성을 확보하고, 공정성을 보장할 수 있는 윤리적 기준을 강화해야 한다. AI가 금융 서비스에서 공정하게 사용되기 위해서는 알고리즘 설계와 학습 과정에서 다양한 데이터를 반영하고, 편향된 결과를 사전에 방지할 수 있는 기술적, 윤리적 장치가 필요하다. 또한 정부와 금융 규제 기관이 AI의 사용을 관리하고 규제할 필요가 있으며, 이를 통해 AI가 사회적 불평등을 초래하는 것을 방지해야 한다.

AI의 도입으로 인해 일자리 감소가 가속화되고 있는 점도 사회적으로 큰 문제로 대두되고 있다. 많은 금융 업무가 AI로 대체되면서 기존 인력이 담당하던 업무가 점차 사라지고 있으며, 이에 따라 대규모의 일자리 구조 변화가 예고된다. 일본의 소프트뱅크는 AI 도입 이후 금융 부서의 인력을 약 30% 감축했다. 이는 금융사 입장에서 비용 절감과 효율성 증대라는 측면에서 긍정적일 수 있지만, 한편으로는 사회적 불안을 야기할 수 있다.

이러한 일자리 감소 문제를 해결하기 위해서는 AI 도입으로 인해 변화하는 노동 시장에 대한 대비책이 필요하다. 금융사들은 AI를 통해 자동화된 업무에서 벗어나

창의적이고 고부가가치적인 업무로 전환할 수 있도록 직원들에게 재교육과 재훈련 프로그램을 제공해야 한다. 정부와 교육 기관 역시 이러한 변화에 맞춘 직업 재교육 프로그램을 적극적으로 운영해 인력 구조 변화를 완화하는 방안을 모색해야 할 것이다.

결국 AI는 금융 업계에 혁신적인 기회를 제공하는 동시에 윤리적, 사회적 과제도 함께 안겨 주고 있다. AI의 발전은 금융사의 운영 효율성을 극대화하고, 고객 맞춤형 서비스를 강화하며, 리스크 관리와 보안에서 큰 진전을 이룰 수 있는 가능성을 열어 주고 있다. 하지만 동시에 그로 인한 데이터 편향성 문제와 일자리 감소라는 사회적 문제도 함께 해결되어야 하며, 이를 위해서는 금융사, 정부, 규제 기관이 협력하여 AI 기술의 발전을 사회적 책임과 윤리적 기준에 맞춰 관리할 필요가 있다.

참고문헌

Citi Ventures(n.d.). Citi ventures enterprise tech summit 2022 : Fighting financial crimes with AI panel. https://www.citi.com/ventures/enterprise-tech-summit/2022/data-and-ai/fighting-financial-crimes.html

EY(2023.3.17). How to mitigate AI discrimination and bias in financial services.

https://www.ey.com/en_us/insights/forensic-integrity-services/ai-discrimination-and-bias-in-financial-services
Futurism(2017.3.8). An AI completed 360,000 hours of finance work in just seconds.
https://futurism.com/an-ai-completed-360000-hours-of-finance-work-in-just-seconds

02
금융 소비자의 새로운 역할

AI의 발전은 금융 소비자들의 일상적인 금융 생활을 크게 변화시키고 있다. 과거 금융 소비자들은 금융 상품을 선택할 때 제한된 정보와 수동적인 선택권에 의존해야 했지만, 이제 AI의 도움을 받아 더욱 능동적이고 지능적인 금융 결정을 내릴 수 있게 되었다. AI 기술은 개인 맞춤형 금융 서비스, 자동화된 재정 관리, 그리고 더욱 강력한 금융 보호 장치를 제공함으로써 금융 소비자들의 역할을 근본적으로 변화시키며 금융 소비자들에게 더 많은 권한을 주는 동시에, 새로운 책임도 함께 요구하는 시대로 이끌고 있다.

AI와 MBTI?

개인화된 금융 서비스: 더 나은 선택을 돕다

AI는 소비자 데이터를 분석하여 개인 맞춤형 금융 서비스를 제공하는 데 핵심 역할을 하고 있다. 예를 들어, AI 기반의 로보어드바이저(Robo-Advisor) 서비스는 소비자의 투자 성향, 재정 목표, 리스크 허용 범위를 분석하여 자동으로 맞춤형 투자 포트폴리오를 구성한다. 로보어드바이저의 대표적인 예는 미국의 핀테크(FinTech) 회사인 베터먼트(Betterment)다. 베터먼트는 AI 알고리즘을 통해 고객 개개인의 재무 목표와 상황에 맞춘 투자 전략을 자동으로 설정하고, 시장 변동에 따라 포트폴리오를 자동으로 재조정한다. 이를 통해 금융 소비자들은 전문적인 투자 지식 없이도 자신만의 맞춤형 투자 관리 서비스를 저렴한 비용으로 이용할 수 있게 되었다.

이러한 맞춤형 금융 서비스는 투자뿐만 아니라 대출, 예금, 보험 등 다양한 금융 상품에 걸쳐 확산되고 있다. AI는 대출 심사 과정에서 개인의 신용 기록을 빠르게 분석하고, 그에 맞는 최적의 대출 상품을 추천할 수 있다. 예를 들어, 미국의 핀테크 회사 업스타트(Upstart)는 AI 기반의 대출 심사 시스템을 운영하며, 전통적인 신용 점수뿐만 아니라 다양한 데이터를 활용해 개인의 신용도를 평가한다. 이를 통해 전통적인 대출 심사 방식에서는 기회가 없었던 소비자들도 AI의 도움으로 대출 승인을 받을 수 있는 가능성이 커졌다.

자동화된 재정 관리: AI가 돕는 똑똑한 소비 습관

AI는 소비자의 금융 생활을 더 스마트하게 만들어 주는 중요한 도구로 자리 잡았다. AI 기반 재정 관리 앱은 소비 패턴을 분석해 예산을 자동으로 설정해 주고, 불필요한 지출을 줄일 수 있도록 실시간으로 경고를 제공한다. 대표적인 사례로는 미국의 인기 재정 관리 앱 민트(Mint)가 있다. 민트는 소비자의 카드 사용 내역, 은행 거래 기록 등을 AI로 분석해 소비 습관을 파악하고, 지출 관리에 대한 맞춤형 조언을 제공한다. 소비자는 민트를 통해 어디에서 돈을 절약할 수 있는지, 어떤 항목에서 불필요한 지출이 발생하고 있는지 실시간으로 확인할 수 있다.

또한 AI는 금융 소비자들이 더 쉽게 저축할 수 있도록 돕는다. 영국의 핀테크 스타트업인 클레오(Cleo)는 AI 기반 챗봇을 통해 사용자의 소비 패턴을 분석하고, 일정 금액을 자동으로 저축 계좌로 이체하는 기능을 제공한다. 사용자는 자신의 월간 지출을 분석한 후 AI의 추천에 따라 더 나은 저축 계획을 세울 수 있으며, 목표 저축 금액을 달성하기 위해 지속적으로 AI의 피드백을 받는다. 이러한 AI 기반 재정 관리 설루션(solution)은 특히 재정 관리에 어려움을 겪는 소비자들에게 큰 도움이 된다.

AI는 또한 실시간으로 금융 시장의 변동을 분석해 소비자에게 투자 및 저축에 대한 적절한 타이밍을 조언할 수 있다. 예를 들어, 투자 플랫폼인 에이콘스(Acorns)는 AI를 통해 자동으로 소비자의 잔돈을 투자에 활용하는 기능을 제공한다. AI는 소비자가 소액 결제를 할 때마다 잔돈을 투자 계좌로 자동 전환하고, 이를 통해 사용자가 일상적인 지출 속에서도 자산을 축적할 수 있도록 돕는다. 이처럼 AI는 소비자들이 자산을 쉽게 관리하고 증식할 수 있도록 하는 데 큰 기여를 하고 있다.

금융 교육과 정보 접근성의 확대: 누구나 전문가가 될 수 있다

AI의 도입은 금융 교육의 접근성을 크게 확대했다. 복잡한 금융 용어와 개념에 대한 이해는 이제 더 이상 전문가만의 영역이 아니다. AI는 소비자들이 쉽게 이해할 수 있는 방식으로 금융 정보를 제공하고, 이를 통해 금융 지식이 부족한 사람들도 금융 상품에 대한 올바른 결정을 내릴 수 있도록 돕는다. 예를 들어, AI 기반 금융 교육 플랫폼인 스태시(Stash)는 초보 투자자들을 위해 AI가 제공하는 맞춤형 학습 콘텐츠를 통해 금융 교육을 제공한다. 사용자는 자신의 투자 성향과 목표에 맞춘 학습 경로를 따라가면서 금융 지식을 쌓을 수 있으며, 이를 실제 투자 활동에 바로 적용할 수 있다.

이와 같은 AI 기반 금융 교육 서비스는 소비자들의 금융 리터러시를 크게 향상하고 있다. 과거에는 금융 상품의 복잡한 구조와 규제에 대한 정보에 접근하는 것이 쉽지 않았지만, 이제는 AI가 정보를 요약하고 개인의 상황에 맞춘 조언을 제공함으로써 소비자들이 더 나은 결정을 내릴 수 있도록 돕는다. 특히 AI는 개별 소비자의 금융 상태를 고려해 필요한 지식을 제공하기 때문에, 자신이 현재 어떤 금융 상황에 처해 있는지 이해하지 못했던 소비자들도 자신의 상황을 쉽게 파악할 수 있게 되었다.

금융 소비자의 권한과 선택권 확대: 능동적 참여

AI의 발전은 금융 소비자들에게 더 많은 권한과 선택권을 제공하고 있다. 과거에는 금융사들이 제공하는 상품과 조건을 받아들이는 것이 소비자의 주요 역할이었다면, 이제는 AI의 도움으로 소비자가 금융사와의 거래에서 더 능동적으로 참여할 수 있게 되었다. 예를 들어, AI는 소비자의 신용 기록을 분석해 대출 상품의 적합성을 미리 평가하고, 대출 신청 전 최적의 조건을 제안하는 기능을 제공한다. 소비자는 AI의 도움으로 자신에게 가장 유리한 금융 상품을 선택할 수 있으며, 이를 통해 불필요한 금전적 손실을 줄일 수 있다.

이와 함께, AI는 금융 소비자가 자신만의 데이터를 더욱 효과적으로 활용할 수 있도록 돕는다. 예를 들어, 핀테크 스타트업 트루빌(Truebill)은 AI를 통해 소비자의 구독 서비스 사용 내역을 분석하고, 불필요한 서비스 해지를 추천하는 기능을 제공한다. 이 서비스는 소비자가 매월 자동 결제되는 구독 서비스 항목을 분석해 불필요한 비용을 줄이고, 소비자가 직접 관리할 수 있도록 도와준다. 이를 통해 금융 소비자들은 자신의 지출 내역을 철저히 관리하고, 더 나은 금융 결정을 내릴 수 있다.

금융 소비자 보호와 윤리적 문제

AI가 금융 소비자들에게 많은 혜택을 제공하고 있지만, 동시에 몇 가지 중요한 윤리적 문제와 소비자 보호의 필요성도 제기되고 있다. AI 알고리즘이 사용되는 과정에서 데이터 편향이나 오류가 발생할 수 있으며, 이러한 문제는 소비자에게 부정적인 영향을 미칠 수 있다. 예를 들어 AI가 특정 인구 집단에 대한 부정확한 신용 평가를 내리면, 해당 소비자들은 금융 서비스 접근에서 차별을 겪을 수 있다. 이러한 윤리적 문제를 해결하기 위해 AI 알고리즘의 투명성을 보장하고 편향성을 최소화하기 위한 금융사들의 지속적인 노력이 필요하다.

또한 AI의 발전으로 인해 금융 범죄의 형태도 더욱 복잡해질 가능성이 있다. 금융 소비자들은 AI 기술을 악용한 사이버 범죄나 사기 행위를 더욱 경계해야 하며, 자신의 금융 정보를 안전하게 보호하는 데 적극적으로 나서야 한다. 이와 관련해, 금융사들도 AI 기반의 보안 시스템을 강화해 소비자들의 개인 정보를 보호하는 데 힘쓰고 있다.

AI와 금융 소비자의 진화: 더 똑똑한 결정과 책임의 시대

AI는 금융 소비자들에게 더 많은 권한과 기회를 제공하는 동시에, 보다 능동적이고 개인화된 금융 생활을 가능하게 하고 있다. AI의 도움으로 금융 소비자들은 더 똑똑한 금융 결정을 내릴 수 있으며, 효율적인 자산 관리와 지출 통제가 가능해졌다. 또한, AI는 금융 교육의 접근성을 확대하고, 금융 지식이 부족한 사람들도 더 쉽게 금융 시장에 참여할 수 있도록 돕는다. 그러나 AI와 함께 금융 생활을 영위하는 데에는 소비자들의 책임도 함께 따른다. AI의 윤리적 문제와 보안 위협에 대한 인식이 필요하며, 이러한 변화 속에서 더 나은 금융 결정을 내리기 위한 준비가 필요하다. 앞으로 AI가 금융 산업을 어떻게 변화시킬지, 그리고 금융 소비자들의 역할이 어떻게 진화할지에 대해 주목할 시점이다.

참고문헌

인사이저(2019.11.12). 로보어드바이저, 베터먼트의 포트폴리오 전략. https://m.blog.naver.com/myincizor/221705313786

American Banker. https://www.americanbanker.com

Cardrates. https://www.cardrates.com/

Craft. https://global.craft.co

Elinext(2023.9.8). Exploring robo-advisors: A popular trend in fintech 2023. https://www.elinext.com/industries/financial/trends/financial-robo-advisors/

Stash(2022.4.14). Stash101 Brings Financial Literacy Resources to Brooklyn-Based College-Alternative Marcy Lab School. https://lp.stash.com/news/stash101-brings-financial-literacy-resources-to-brooklyn-based-college-alternative-mar cy-lab-school/

Stash. https://lp.stash.com/press/

Upstart. https://www.upstart.com

03
AI와 재테크

기존의 자산 관리 방식에서 AI는 투자 결정, 리스크 관리, 포트폴리오 구성 등의 과정을 자동화하고 최적화함으로써 금융 소비자들에게 보다 스마트한 재테크 전략을 제시한다. AI 기반 재테크는 개인 투자자뿐만 아니라 기업의 자산 관리에도 효율성과 수익성을 동시에 높이는 역할을 하며, 더 나은 재정적 결정을 내릴 수 있도록 돕고 있다.

AI와 난임 극복?

AI와 자산 관리의 혁신: 로보어드바이저의 등장

AI의 도입으로 가장 주목받는 분야 중 하나는 로보어드바이저(Robo-Advisor)다. 로보어드바이저는 AI 알고리즘을 활용해 투자자의 재정 목표, 투자 성향, 리스크 허용 범위 등을 분석하고 이에 맞는 포트폴리오를 자동으로 구성해 주는 자산 관리 서비스다. 전통적인 금융 자문과 달리 로보어드바이저는 비교적 낮은 수수료로 맞춤형 투자 전략을 제공할 수 있으며, 시간과 장소에 구애받지 않고 쉽게 이용할 수 있다는 점에서 많은 투자자들의 관심을 받고 있다.

대표적인 로보어드바이저 서비스로는 미국의 베터먼트(Betterment)와 웰스프론트(Wealthfront)가 있다. 이들은 고객의 투자 목표와 재정 상태에 맞춰 자동으로 자산 배분을 조정하며, 시장 변동에 따라 실시간으로 포트폴리오를 재구성해 준다. 이러한 AI 기반 자산 관리 서비스는 투자 지식이 부족한 초보자들에게도 매우 유용하다. AI가 데이터 분석을 통해 과거의 투자 성과와 시장 동향을 기반으로 최적의 결정을 내리기 때문에, 초보 투자자들도 높은 수준의 자산 관리 서비스를 누릴 수 있다.

데이터 기반 투자 전략: 더 나은 의사 결정

AI의 강력한 데이터 분석 능력은 투자 결정을 내리는 데 중요한 역할을 한다. 전통적인 자산 관리 방식에서는 주로 시장의 과거 데이터를 분석하거나 전문가의 예측을 바탕으로 투자 전략을 세웠다. 그러나 AI는 실시간으로 방대한 데이터를 처리하고, 그 데이터를 분석해 패턴을 도출하거나 예측할 수 있다. 이를 통해 투자자들은 더 정교하고 신속한 의사 결정을 내릴 수 있다.

예를 들어, AI는 특정 기업의 재무 데이터, 주식 시장의 변동성, 전 세계 경제 지표 등을 종합적으로 분석해 특정 주식의 상승 또는 하락 가능성을 예측할 수 있다. 미국의 투자회사 블랙록(BlackRock)은 AI를 활용한 '알라딘(Aladdin)' 시스템을 통해 이러한 데이터 분석 기반의 투자 결정을 내리고 있다. 알라딘은 투자 포트폴리오의 리스크를 실시간으로 모니터링하고, 글로벌 경제 동향을 바탕으로 투자 기회를 포착해 수익을 극대화하는 전략을 제공한다.

또한 AI는 감정적 요인에 휘둘리지 않는다는 점에서 인간 투자자보다 우수한 면모를 보인다. 전통적인 투자자들은 종종 시장 변동성이나 개인적인 감정에 따라 비합리적인 결정을 내리기도 하지만, AI는 철저히 데이터에 기반한 판단을 내리기 때문에 감정적인 영향을 배제할 수 있다. 이는 장기적으로 일관된 투자 성과를 낼 수 있는 중요한 요소로 작용한다.

리스크 관리의 혁신: 더 빠르고 정확한 대응

AI는 투자 리스크 관리에서도 혁신적인 도구로 사용되고 있다. AI는 금융 시장에서 발생하는 위험 요소를 실시간으로 감지하고 분석함으로써, 리스크를 빠르고 정확하게 관리할 수 있는 능력을 갖추고 있다. 이는 특히 변동성이 큰 시장에서 큰 장점을 제공한다.

예를 들어, 미국의 핀테크(FinTech) 회사 시그마 컴퓨팅(Sigma Computing)은 AI를 활용해 시장 리스크를 실시간으로 분석하고, 투자 포트폴리오에 미치는 영향을 예측하는 시스템을 운영하고 있다. 이 시스템은 시장 변동에 따른 위험 신호를 감지하고, 투자자가 즉각 대응할 수 있도록 알림을 제공한다. 이를 통해 투자자는 시장 충격으로 인한 손실을 최소화하고, 위험 요소를 빠르게 관리할 수 있다.

더 나아가 AI는 대체 투자 자산 관리에서도 활발히 사용되고 있다. 예를 들어, AI는 부동산, 원자재, 암호 화폐 등 다양한 자산군의 데이터를 분석해 투자 기회를 발견하고, 해당 자산의 리스크를 예측한다. AI가 제공하는 이러한 리스크 관리 설루션(solution)은 투자자들이 다양한 자산에 대한 투자 결정을 내릴 때 큰 도움이 된다.

자동화된 자산 관리: 일상 속에서 스마트하게 자산을 불리다

AI는 일상 속에서도 자산 관리를 자동화해 투자자들이 보다 편리하게 재산을 불릴 수 있도록 돕는다. AI 기반의 자동화 시스템은 소비자의 금융 생활을 분석하고, 소액 투자나 저축을 통해 자산을 관리하는 다양한 방법을 제공한다. 예를 들어, 미국의 투자 플랫폼 에이콘스(Acorns)는 소비자가 결제할 때마다 발생하는 잔돈을 자동으로 투자 계좌에 적립해 자산을 증식하는 서비스를 제공한다. 사용자는 일상적인 소비 활동을 통해 자연스럽게 자산을 늘릴 수 있으며, AI는 이를 효과적으로 관리한다.

또한 자동화된 저축 서비스 역시 AI를 통해 더욱 똑똑하게 관리된다. 영국의 핀테크 스타트업인 몬조(Monzo)는 AI가 사용자의 소비 패턴을 분석해 매월 자동으로 일정 금액을 저축하는 기능을 제공한다. 사용자는 별도의 노력 없이도 자신만의 저축 목표를 달성할 수 있으며, AI는 소비자가 과도한 지출을 피하고 재정 상태를 개선할 수 있도록 돕는다.

AI와 재테크의 미래: 새로운 기회와 도전

AI가 재테크에 가져온 혁신은 앞으로도 지속될 전망이다. 기술이 발전함에 따라 더욱 정교한 데이터 분석과 예측 능력을 갖춘 AI가 등장할 것이며, 이는 개인 투자자와 기업 모두에게 새로운 기회를 제공할 것이다. 예를 들어, 머신 러닝 기술이 발전함에 따라 AI는 더욱 복잡한 시장 변수들을 분석해 예측 정확도를 높일 수 있다. 또한, 빅데이터와 결합한 AI는 소비자의 금융 행동을 더욱 깊이 분석해 맞춤형 금융 상품과 투자 전략을 제안할 것이다.

그러나 이러한 기회와 함께 새로운 도전 과제도 발생할 것이다. AI의 알고리즘이 금융 시장에 미치는 영향이 커짐에 따라, 알고리즘 편향성이나 윤리적 문제에 대한 고민이 필요하다. 또한 데이터 보안과 개인 정보 보호도 중요한 과제가 될 것이다. AI가 자산 관리에서 큰 역할을 하게 될수록 소비자들은 자신의 데이터를 어떻게 안전하게 보호할 수 있을지에 대한 고민을 함께 해야 한다.

재테크 패러다임의 변화

AI는 재테크의 패러다임을 변화시키며, 금융 소비자들

에게 스마트한 자산 관리 전략을 제공하고 있다. 로보어드바이저, 데이터 기반 투자 전략, 리스크 관리, 자동화된 자산 관리 등 AI가 제공하는 다양한 도구들은 투자자들이 더 나은 재정 결정을 내리고, 자산을 효율적으로 관리할 수 있도록 돕는다. 이제는 AI와 재테크의 융합이 얼마나 더 발전할지 주목해야 할 시점이다. 이를 통해 금융소비자들은 더욱 풍부한 투자 기회를 누릴 수 있을 것이다.

참고문헌

이데일리(2017.5.5). [로보어드바이저]④해외에는 누가 있나…베터먼트·웰스프론트 등. https://www.edaily.co.kr/news/read?newsId=01249686615925968

인사이저(2019.11.12). 로보어드바이저, 베터먼트의 포트폴리오 전략. https://m.blog.naver.com/myincizor/221705313786

재경일보(2024.9.27). [필수 금융상식 A to Z] 로보어드바이저. https://news.jkn.co.kr/post/848544

제이씨이너스(2017.3.30). 블랙스톤(Black Stone)에서 시작한 세계 최대 자산운용사 블랙록(BlackRock). https://m.blog.naver.com/globalib/220970402348

Betterment. https://www.betterment.com/

Business Expert(2024.9.16). Monzo review 2024. https://www.businessexpert.co.uk/banking/monzo-review/

Fool Investor(2024.1.24). Acorns review 2024: An innovative

robo–advisor for automated investing.
https://foolinvestor.com/2024/01/acorns–review–2024/
Sigma Computing. https://www.sigmacomputing.com/
Wealthfront.(n.d.) Robo advisor investing.
https://www.wealthfront.com/robo–advisor–investing

04
AI가 바꾸는 금융 인식

AI의 급격한 발전은 금융 업계의 전통적인 운영 방식을 크게 변화시키고 있으며, 이러한 변화는 금융 소비자의 인식에도 커다란 영향을 미치고 있다. 과거의 금융 환경은 은행, 보험사, 증권사 등 전통적인 금융 기관들이 주도했으며, 대면 서비스를 중심으로 이루어졌다. 그러나 디지털 금융의 급성장과 AI 기술의 도입은 금융의 형태와 접근 방식을 근본적으로 바꾸고 있다. AI는 금융 서비스의 자동화, 개인화, 그리고 효율성을 높이면서 소비자들에게 새로운 금융 경험을 제공하고 있으며, 이는 전통적 금융 인식의 변화로 이어지고 있다.

AI와 사주?

전통적 금융의 한계와 디지털 전환의 필요성

전통적 금융 서비스는 대개 은행 창구를 통해 대면으로 이루어졌으며, 소비자는 금융사에 의존해 금융 결정을 내리는 경우가 많았다. 이러한 방식은 시간이 많이 소요되고, 금융 상품의 선택이 제한적이라는 단점이 있었다. 금융사들은 소비자의 요구에 따라 맞춤형 서비스를 제공하기 어려웠고, 시장의 변화에 즉각 대응하지 못하는 경우도 잦았다.

특히 전통적 금융은 정보의 비대칭성 문제가 두드러졌다. 금융사는 자신들의 상품에 대해 더 많은 정보를 가지고 있지만, 소비자들은 금융 상품에 대한 정보가 부족하거나 불투명하여 올바른 결정을 내리기 힘든 상황에 직면했다. 이로 인해 금융사에 대한 신뢰가 약화하거나, 금융 상품에 대한 만족도가 떨어지기도 했다.

이러한 한계를 극복하기 위해 금융 업계는 디지털 전환에 대한 필요성을 절감하게 되었다. 그리고 AI는 이러한 디지털 전환의 핵심 요소로 자리 잡았다. AI의 도입으로 금융 소비자들은 더 신속하고 정확한 금융 서비스를 이용할 수 있게 되었으며, 맞춤형 금융 상품을 통해 개인의 재정 상황에 맞는 더 나은 결정을 내릴 수 있게 되었다.

AI가 주도하는 금융 서비스의 자동화와 개인화

AI는 금융 서비스의 자동화와 개인화에서 중요한 역할을 하고 있다. 은행을 비롯한 전통적 금융 기관들은 이제 AI 알고리즘을 통해 복잡한 데이터를 빠르게 분석하고, 고객 맞춤형 서비스를 제공하고 있다. 특히 AI 기반의 챗봇은 고객 문의와 요청을 실시간으로 처리하며, 대출 심사, 자산 관리, 보험 청구 등 다양한 금융 업무를 자동으로 처리할 수 있다. 이는 기존의 대면 상담 방식에서 벗어나 24시간 내내 소비자들이 필요한 금융 서비스를 이용할 수 있는 환경을 제공한다.

예를 들어, 한국의 주요 은행들은 AI 기반의 챗봇을 통해 고객 서비스의 질을 높이고 있다. 이러한 시스템은 고객의 질문을 빠르게 처리하며, 일반적인 문제 해결 외에도 복잡한 금융 상품 추천이나 자산 관리 조언을 제공할 수 있다. 소비자들은 더 이상 은행을 방문하거나 콜센터에 전화할 필요 없이, 실시간으로 필요한 금융 서비스를 이용할 수 있게 되었다.

또한 AI는 대규모 데이터를 분석해 개별 고객의 재정 상태와 금융 목표를 분석한 뒤 맞춤형 서비스를 제공한다. 예를 들어, AI 기반 로보어드바이저는 고객의 투자 성향, 리스크 선호도, 재정 상태 등을 분석해 최적의 투자 포트폴리오를 자동으로 구성해 준다. 이는 고비용의 금융 자문 서비스를 이용하기 어려운 개인 투자자들에게도 자산 관리의 기회를 제공하는 동시에, 보다 높은 수준의 금융 서비스를 경험하게 한다.

금융 소비자 중심의 변화된 경험

AI는 금융 소비자에게 더 나은 금융 경험을 제공하며, 소비자 중심의 금융 인식을 강화하고 있다. 디지털 금융 서비스는 더 이상 금융사 중심이 아니라, 소비자가 주도적으로 자신의 금융 생활을 관리할 수 있는 환경을 조성했다. 과거에는 금융사들이 일방적으로 제공하는 금융 상품을 소비자가 수동적으로 선택해야 했다면, 이제는 AI가 소비자의 요구를 분석해 소비자에게 맞는 금융 상품을 추천하고, 소비자는 이를 비교 분석하여 더 나은 결정을 내릴 수 있다.

예를 들어, 핀테크(FinTech) 스타트업 레볼루트(Revolut)는 AI를 통해 소비자들이 다양한 외환 시장에서 최적의 환율로 거래할 수 있도록 돕는다. AI는 실시간으로 시장 데이터를 분석하고, 환율 변동을 예측해 소비자가 최적의 타이밍에 외환 거래를 할 수 있도록 안내한다. 이는 소비자가 직접 시장 상황을 분석할 필요 없이 AI의 도움을 받아 금융 결정을 더 효율적으로 내릴 수 있는 환경을 제공한다.

또한 AI는 금융 상품의 접근성을 확대하고 있다. AI가 소비자의 신용 점수를 분석해 더 많은 사람들이 금융 서비스를 이용할 수 있도록 돕고 있으며, 전통적인 신용 평가 기준에 맞지 않던 소비자들도 AI의 공정한 판단을 통해 대출, 보험, 투자 등 다양한 금융 상품에 접근할 수 있게 되었다.

금융 보안과 신뢰성: AI가 가져온 새로운 기준

AI의 도입은 금융 보안에도 혁신을 가져왔다. 과거에는 금융 거래에서 발생할 수 있는 이상 징후나 사기 행위를 사람이 직접 감지하는 데 한계가 있었지만, AI는 실시간으로 방대한 양의 거래 데이터를 분석해 금융 범죄를 사전에 방지할 수 있는 능력을 제공한다. AI는 의심스러운 거래 패턴을 빠르게 파악하고, 이상 거래가 발생할 경우 즉각적인 경고를 보내는 시스템을 통해 금융사와 소비자 모두의 자산을 보호한다.

또한 AI는 소비자의 금융 생활에 대한 신뢰를 높이는 데 중요한 역할을 한다. 금융사들은 AI를 통해 거래 데이터를 분석하고, 고객에게 투명한 금융 정보를 제공할 수 있다. 이로 인해 소비자들은 금융사와의 거래에서 더 많은 신뢰를 갖게 되며, 복잡한 금융 상품에 대한 이해도도 높아진다.

예를 들어, 글로벌 은행인 HSBC는 AI를 사용해 고객의 거래 데이터를 분석하고, 각 고객에게 맞춤형 금융 조언을 제공하는 동시에 보안성을 강화하고 있다. AI가 실시간으로 모든 거래를 모니터링하고, 이상 징후가 발견되면 즉시 알림을 보냄으로써 소비자의 금융 자산을 보호하는 체계를 구축했다.

전통 금융사들의 변화와 대응

AI가 디지털 금융의 핵심 동력으로 자리 잡음에 따라 전통 금융사들도 이러한 변화에 대응하기 위한 노력을 기울이고 있다. 대형 금융사들은 핀테크 스타트업과의 협업을 통해 AI 기반 설루션(solution)을 도입하거나, 자체적으로 AI 연구 개발을 통해 새로운 서비스를 출시하고 있다. 이는 AI 기술을 활용해 고객 서비스의 질을 높이고, 운영 효율성을 극대화하려는 전략으로 이어지고 있다.

예를 들어, 스페인의 대형 은행 BBVA는 AI를 활용한 데이터 분석 시스템을 도입해 고객 행동을 예측하고, 이를 바탕으로 맞춤형 금융 상품을 제공하고 있다. 이러한 변화는 고객의 요구에 더욱 빠르고 정확하게 대응할 수 있게 해 주며, 내부적으로는 업무 자동화를 통해 운영 비용을 절감하고 효율성을 극대화할 수 있는 기회를 제공한다.

금융 소비자들의 인식 변화

AI의 발전은 금융 업계 전반에 걸쳐 근본적인 변화를 이끌고 있으며, 이러한 변화는 금융 소비자들의 인식에도 큰 영향을 미치고 있다. 전통적인 금융 서비스는 점차 AI 기반의 디지털 금융으로 대체되면서, 금융사 중심의 서비스 제공에서 소비자 중심의 맞춤형 서비스 제공으로 전환되고 있다. AI는 금융의 효율성과 신뢰성을 높이는 동시에, 소비자에게 더 많은 선택권과 권한을 부여하고 있다. 앞으로 AI가 금융 산업에서 어떻게 더 큰 역할을 할지, 그리고 금융 소비자들의 인식이 어떻게 진화할지 주목해야 할 시점이다.

참고문헌

BBVA(2024.4.29). BBVA expects to grow profit in double digits in 2024 and even faster in 2025.

https://www.bbva.com/en/economy-and-finance/bbva-expects-to-grow-profit-in-double-digits-in-2024-and-even-faster-in-2025/

BBVA(2024.8.2). What AI algorithms does BBVA use to boost its customers' finances?. https://www.bbva.com/en/innovation/what-ai-algorithms-does-bbva-use-to-boost-its-customers-finances/

HSBC. https://www.hsbc.com/

IBM(2023.12.8). What is artificial intelligence (AI) in finance?. https://www.ibm.com/topics/artificial-intelligence-finance

Li, X. et al.(2024). Commercial bank digital transformation, information costs, and corporate financial constraints. *China journal of accounting studies*, pp.1-24. https://www.tandfonline.com/doi/full/10.1080/21697213.2024.2336094#abstract

05
금융 기관의 AI 도입

기존의 전통적 금융 모델이 디지털화하는 과정에서 AI 기술은 자동화, 효율성, 데이터 분석 역량을 크게 강화해 금융 서비스의 질을 향상하고 있지만, 윤리적 문제와 규제 대응, 일자리 감소 등의 복합적인 도전 과제도 함께 부각하고 있다.

AI와 아이돌?

금융 기관의 AI 도입 배경

금융 기관들은 경쟁력을 강화하고, 빠르게 변화하는 디지털 금융 시장에서 우위를 점하기 위해 AI 도입을 가속화하고 있다. AI 기술은 방대한 금융 데이터를 실시간으로 분석하고, 이를 통해 더욱 정교한 금융 상품과 맞춤형 서비스를 제공할 수 있는 능력을 제공한다. 금융 기관들은 AI를 통해 고객의 요구를 예측하고, 자동화된 서비스로 운영 효율성을 높이려는 목적을 가지고 있다.

예를 들어, 대형 글로벌 은행인 JP모건체이스(JP-Morgan Chase)는 AI 기반의 시스템을 통해 계약서 검토 및 대출 심사를 자동화하여 연간 수십만 시간을 절약하고 있다. 이러한 자동화는 인적 오류를 최소화하고, 더 빠르고 정확한 의사 결정을 가능하게 한다. 그뿐만 아니라 AI는 사기 감지, 리스크 관리, 자산 운용 등 금융 전반에서 중요한 역할을 하고 있다.

AI 도입이 제공하는 기회

금융 서비스 자동화 및 효율성 제고

AI는 반복적이고 규칙적인 업무를 자동화할 수 있는 강력한 도구로 자리 잡고 있다. 은행의 고객 서비스, 대출 심사, 자산 관리 등의 업무는 AI 알고리즘을 통해 빠르게 처리될 수 있으며, 이는 금융 기관들의 운영 효율성을 크게 향상한다. 또한 AI 기반의 챗봇은 24시간 고객 응대가 가능하게 하여 소비자에게 끊임없는 금융 서비스를 제공하고 있다. 이는 대면 서비스를 줄이면서도 더 나은 고객 경험을 제공하는 사례로, 고객 만족도를 높이는 데 중요한 역할을 한다.

한국의 한 주요 은행은 AI 기반의 대출 심사 시스템을 도입해 고객의 신용도를 분석하고, 대출 승인을 실시간으로 처리하는 혁신을 이루었다. 과거에는 대출 심사에 수일이 걸렸지만, 이제는 몇 분 만에 결과를 확인할 수 있다. 이러한 변화는 금융 기관들에게 큰 기회를 제공하며, 소비자들에게는 빠르고 편리한 금융 서비스를 가능하게 한다.

맞춤형 금융 상품과 개인화된 서비스 제공

AI의 도입으로 금융 기관들은 소비자 맞춤형 금융 상품을 제공할 수 있게 되었다. AI는 소비자의 금융 거래 내역, 소비 패턴, 투자 성향을 분석하여 개인의 재정 상태에 맞는 맞춤형 금융 상품을 추천하거나, 투자 포트폴리오를 자동으로 구성할 수 있다. AI 기반의 로보어드바이저는 그 대표적인 사례로, 고객의 목표와 리스크 선호도를 분석하여 최적의 투자 전략을 제안한다.

예를 들어, 미국의 투자 자문 회사 웰스프론트(Wealthfront)는 AI를 통해 고객의 재정 목표에 따라 자동으로 투자 포트폴리오를 재조정하고, 시장 상황에 맞춰 투자 전략을 최적화한다. 이를 통해 소비자들은 금융 지식이 부족해도 전문가 수준의 자산 관리 혜택을 누릴 수 있게 된다.

리스크 관리와 금융 범죄 예방

AI는 금융 기관들이 직면한 리스크를 관리하는 데에서도 중요한 도구로 사용되고 있다. AI는 금융 거래에서 발생하는 이상 징후나 패턴을 실시간으로 감지하고, 사기 행위를 사전에 방지할 수 있는 능력을 갖추고 있다. 기존의 리스크 관리 시스템은 사후 대응에 초점을 맞췄다면, AI는 사전 예방적 역할을 강화하여 금융사들이 리스크를 신속하게 관리할 수 있도록 한다.

미국의 대형 금융사 시티그룹(Citigroup)은 AI를 활용해 수천 건의 금융 거래를 분석하고, 실시간으로 이상 거래를 감지하여 사기 행위를 차단하고 있다. AI는 전통적인 금융 사기 방지 시스템보다 훨씬 더 정교하고 빠르게 작동하여, 금융 기관의 리스크 관리 수준을 한 단계 끌어

올리고 있다.

금융 기관이 직면한 AI 도입의 도전 과제

윤리적 문제와 알고리즘의 편향성

AI 도입이 가져오는 기회와 함께 윤리적 문제도 부각하고 있다. AI 알고리즘은 데이터를 기반으로 학습하지만, 이 데이터가 편향적이거나 불완전할 경우 잘못된 결정을 내릴 수 있다. 특히 금융 거래에서 발생하는 편향성은 특정 계층이나 인종에게 불이익을 줄 수 있는 위험이 있다. 예를 들어, AI가 특정 지역의 신용 정보를 분석하면서 해당 지역 거주자들에게 불공정한 대출 조건을 제시하는 문제가 발생할 수 있다.

이에 따라 AI 알고리즘의 투명성과 공정성을 확보하는 것이 금융 기관들의 중요한 과제로 떠오르고 있다. 금융 규제 당국은 AI 알고리즘이 편향되지 않도록 강력한 감독과 관리 체계를 구축해야 하며, 금융 기관들도 책임 있는 AI 개발과 활용에 대한 고민이 필요하다.

일자리 감소와 사회적 파급 효과

AI가 금융 업무를 자동화함에 따라 일자리 감소에 대한 우려도 커지고 있다. 단순하고 반복적인 업무는 AI로 대체될 가능성이 높으며, 이에 따라 금융 기관 내 인력 구조 변화가 불가피하다. 특히 대면 고객 서비스나 사무직 근로자들의 역할이 축소될 수 있어, 고용 시장에 미치는 영향에 대한 사회적 논의가 필요한 시점이다.

그러나 한편으로는 AI가 새로운 직업군을 창출할 가능성도 존재한다. AI는 AI 시스템을 개발하고 관리하는 기술 전문가, 데이터 분석가 등을 필요로 해 새로운 고용 기회를 창출할 수 있으며, 금융 기관들은 이러한 변화에 맞춰 인력 재배치와 재교육 프로그램을 마련해야 할 것이다.

규제와 보안 문제

AI 도입으로 인한 규제와 보안 문제도 중요한 도전 과제다. 금융 기관들이 AI를 통해 대규모 데이터를 처리함에 따라 데이터 보호와 개인 정보 유출에 대한 우려가 제기되고 있다. 또한 AI의 도입이 새로운 금융 규제 체계를 요구함에 따라, 정부와 규제 당국은 AI가 금융 시스템에 미치는 영향을 면밀히 검토하고 이에 맞는 규제 방안을 마련해야 한다.

새로운 기회와 도전

금융 기관의 AI 도입은 새로운 기회와 도전을 동시에 안겨 주고 있다. AI는 금융 서비스의 효율성을 높이고, 맞춤형 상품 제공 및 리스크 관리에서 큰 기여를 하고 있지만, 윤리적 문제와 일자리 감소, 규제 대응 등의 복합적인 도전 과제도 함께 대두되고 있다. 금융 기관들이 AI를 성공적으로 도입하기 위해서는 기술 혁신과 더불어 책임 있는 AI 활용 방안을 고민하고, 윤리적 문제와 사회적 파급 효과를 고려한 전략을 마련해야 할 것이다. AI가 금융의 미래를 어떻게 재편할지, 그리고 금융 기관들이 이를 통해 새로운 기회를 어떻게 창출할지 주목할 필요가 있다.

참고문헌

Best Practice AI(n.d.). AI case study.
https://www.bestpractice.ai/ai-case-study-best-practice/jpmorgan_reduced_lawyers'_hours_by_360%2C000_annually_by_automating_loan_agreement_analysis_with_machine_learning_software_coin

Citigroup(2019.6.26). Citi® payment outlier detection launches in 90 countries.
https://www.citigroup.com/global/news/press-release/2019/citireg-payment-outlier-detection-launches-in-90-cou

ntries
Citigroup(n.d.). Quarterly earnings releases and supplements. https://www.citigroup.com/global/investors/quarterly-earnings
Corestrat(2023.6.14). Exploring automated loan approval systems: AI's impact on borrowers and lenders. https://corestrat.ai/blog/exploring-automated-loan-approval-systems-ais-impact-on-borrowers-and-lenders/
Forbes(2024.7.30). Wealthfront review 2024. https://www.forbes.com/advisor/investing/wealthfront-review-robo-advisor/
J. P. Morgan. https://www.jpmorgan.com/global
The Wealth Advisor(2021.7.7). The pursuit of AI-driven wealth management. https://www.thewealthadvisor.com/article/pursuit-ai-driven-wealth-management

06
AI와 재테크 생활

AI는 자산 관리, 투자 전략 수립, 리스크 관리, 개인 맞춤형 재정 계획 등에서 금융 소비자와 기업 모두에게 새로운 차원의 효율성과 접근성을 제공하고 있다. 과거에는 대규모 자산을 관리하거나 전문 자문 서비스를 받기 위해 고비용의 금융 전문가가 필요했지만, AI 기술의 발전은 이러한 서비스를 자동화하고, 더욱 많은 사람들이 쉽게 접근할 수 있도록 변화시키고 있다. 한국에서도 AI가 재테크 생활에 점차적으로 깊숙이 도입되면서 그 변환의 정도가 뚜렷해지고 있으며, 실질적인 사례들을 통해 이러한 변화를 확인할 수 있다.

AI와 야구?

AI와 재테크 생활의 변환 정도

자산 관리의 자동화

AI는 자산 관리 분야에서 큰 변화를 이끌어 내고 있다. 한국에서도 AI 기반의 로보어드바이저 서비스가 빠르게 성장하고 있으며, 개인 투자자들 사이에서 자산 관리의 자동화가 일상화되고 있다. 로보어드바이저는 사용자의 투자 성향, 리스크 허용 범위, 재정 목표를 분석해 최적화된 투자 포트폴리오를 구성해 주는 서비스로, 과거에는 주로 고액 자산가들을 대상으로 제공되던 자문 서비스를 대중화했다.

삼성증권과 KB증권 같은 국내 주요 증권사들은 AI 기반 로보어드바이저 서비스를 제공하고 있다. 이러한 서비스는 투자 경험이 부족한 개인 투자자들에게 투자 계획을 자동화해 제공하며, 리스크 관리와 포트폴리오 재조정도 자동으로 이루어진다. 예를 들어, 삼성증권의 '스마트 어드바이저'는 시장 상황에 따라 자동으로 포트폴리오를 재조정하며, AI가 실시간으로 시장 데이터를 분석해 투자 결정을 내리는 방식이다. 투자자가 개입하지 않아도 자산을 관리할 수 있어 시간과 비용을 절약할 수 있다는 장점이 있다.

또 한국의 로보어드바이저 스타트업인 파운트(Fount)

는 AI 알고리즘을 활용해 전 세계 금융 시장 데이터를 실시간으로 분석하고, 이를 바탕으로 최적의 투자 전략을 제공하는 서비스를 운영하고 있다. 파운트는 국내뿐 아니라 해외 시장까지 포트폴리오를 확장하여 투자 기회를 넓히고 있으며, 사용자들이 복잡한 금융 지식을 갖추지 않아도 손쉽게 글로벌 자산에 투자할 수 있도록 돕고 있다.

맞춤형 투자 및 재정 계획

AI의 또 다른 혁신적인 변화은 맞춤형 투자 및 재정 계획 수립이다. AI는 개별 소비자의 금융 데이터를 분석해 개인화된 재정 계획을 수립하고, 자산 관리 전략을 자동화하는 데 중요한 역할을 한다. 과거에는 소비자가 스스로 금융 데이터를 분석하고 계획을 수립하는 것이 어려웠으나, AI를 통해 소비자의 소비 패턴, 수입, 지출 내역을 기반으로 한 맞춤형 재정 계획을 자동으로 수립할 수 있다.

한국에서도 이러한 맞춤형 재정 관리 서비스가 활성화되고 있다. 신한은행의 '신한 쏠(SOL)' 앱은 AI 기술을 통해 고객의 소비 습관을 분석하고, 맞춤형 저축 및 투자 상품을 추천한다. 이 앱은 사용자의 월간 지출 패턴을 분석해 자산 축적 계획을 세우며, 불필요한 지출을 줄일 수 있는 방법도 제안해 준다. 예를 들어, 사용자가 특정 기간 동안의 소비 내역을 분석해 외식비나 구독 서비스에서 불필요하게 발생하는 비용을 줄이고, 그 금액을 저축이나 투자로 돌릴 수 있는 방법을 추천한다.

NH투자증권의 'QV 로보어드바이저'는 AI가 사용자의 투자 성향과 재정 목표를 바탕으로 투자 포트폴리오를 구성하고, 실시간으로 관리하는 서비스다. QV 로보어드바이저는 다양한 국내외 자산을 포함해 투자 기회를 제공하며, 사용자가 복잡한 시장 분석을 하지 않고도 안정적인 자산 성장을 도모할 수 있도록 돕는다.

리스크 관리와 금융 범죄 예방

AI는 재테크 생활에서 리스크 관리를 자동화하고, 금융 범죄를 사전에 방지하는 데에도 중요한 역할을 하고 있다. AI는 시장 변동성, 투자 위험을 실시간으로 모니터링하고 분석해 투자자들에게 경고 신호를 보내 준다. 이는 특히 급격한 시장 변동이 발생할 때 매우 유용한 도구로 작용한다.

카카오뱅크와 같은 디지털 금융 플랫폼들은 AI를 활용한 리스크 관리 시스템을 도입해 고객의 금융 데이터를 분석하고, 대출이나 투자에 따른 위험을 최소화하는 방안을 제시한다. 카카오뱅크는 고객의 신용 정보를 AI가 분석하여 대출 신청자의 신용도를 정확하게 평가하고, 적정한 대출 한도를 제공함으로써 금융 위험을 줄인다. 또한 AI는 실시간으로 고객의 금융 거래를 모니터링해, 이상 거래나 사기 행위를 사전에 감지하고 차단하는 기능도 수행한다.

하나은행은 AI를 통해 자산 관리뿐 아니라 사기 방지 시스템을 강화했다. AI는 수많은 거래 데이터를 분석하여 정상적인 거래와 비정상적인 거래 패턴을 구분하며, 이상 징후가 감지될 경우 즉시 금융 거래를 차단하고 고객에게 경고 메시지를 보낸다. 이를 통해 금융 사기와 같은 위협으로부터 고객의 자산을 보호할 수 있다.

실질적 사례를 통한 AI의 재테크 적용

소액 투자와 잔돈 투자: 신한 'My 자산'

신한은행은 AI를 활용해 소액 투자를 자동화하는 'My 자산' 서비스를 제공하고 있다. 이 서비스는 사용자가 일상적인 카드 결제를 할 때 발생하는 잔돈을 자동으로 투자 계좌로 이체해 자산을 증식하는 방식이다. 예를 들어, 사용자가 4300원을 결제하면 700원의 잔돈이 자동으로 투자된다. 이를 통해 사용자는 별도의 추가 투자금 없이도 소액으로 자산을 관리할 수 있으며, 장기적으로는 일정한 수익을 기대할 수 있다. AI는 이러한 잔돈 투자를 효율적으로 관리하며, 자동화된 자산 관리 시스템을 통해 사용자가 복잡한 투자 지식을 갖추지 않고도 재정을 늘릴 수 있도록 돕는다.

AI 기반 대출 심사: 카카오뱅크

카카오뱅크는 AI를 활용해 대출 심사와 신용 평가 과정을 자동화했다. 전통적인 대출 심사에서는 주로 신용 점수에 의존했지만, 카카오뱅크는 AI 알고리즘을 통해 대출 신청자의 다양한 재정 데이터를 분석하여 보다 정확하고 공정한 신용 평가를 내린다. 예를 들어, 대출 신청자의 월 소득, 지출 내역, 금융 거래 패턴 등을 종합적으로 분석하여 신용 점수가 부족해도 다른 긍정적인 요소들을 고려해 대출 가능성을 높일 수 있다. 이는 금융 접근성이 제한적이었던 소비자들에게도 기회를 열어 주는 혁신적인 변화다.

자동화된 투자 관리: KB국민은행 'AI PB'

KB국민은행의 'AI PB(Private Banker)' 서비스는 개인화

된 자산 관리 서비스를 제공하는 AI 기반 투자 관리 시스템이다. AI PB는 사용자의 투자 성향과 목표에 맞춘 포트폴리오를 자동으로 구성하고, 실시간으로 시장 상황에 맞춰 조정하는 기능을 수행한다. 이 서비스는 사용자가 시장의 움직임에 대해 신경 쓰지 않고도 장기적인 자산 성장을 도모할 수 있게 해 주며, 고비용의 전통적 자산 관리 서비스보다 더 저렴하고 접근성이 높은 대안을 제공한다.

AI와 재테크의 미래

AI는 재테크 생활의 패러다임을 변화시키고 있으며, 자산 관리, 투자 전략, 리스크 관리에서 새로운 가능성을 열어 주고 있다. AI의 도입으로 금융 소비자들은 더 효율적이고 맞춤형 금융 서비스를 누릴 수 있으며, 자동화된 재정 계획과 투자 관리 덕분에 복잡한 금융 업무를 보다 쉽게 처리할 수 있다. 한국의 금융 기관들도 AI를 적극 도입하여 재테크 생활을 혁신하고 있으며, 이는 소비자들에게 더 나은 금융 경험을 제공하고 있다.

앞으로 AI와 재테크의 융합은 더 많은 금융 소비자들에게 접근 가능한 자산 관리와 투자 기회를 제공할 것이며, 이는 금융 생활의 민주화에 중요한 기여를 할 것이다. AI가 재테크 생활을 얼마나 더 변화시킬지, 그리고 이러한 변화를 통해 소비자들이 어떤 혜택을 얻게 될지 주목해야 할 시점이다.

참고문헌

비즈워치(2021.3.24). [은행과 AI]KB국민은행이 보여준 AI 활용의 정석.
https://news.bizwatch.co.kr/article/finance/2021/03/24/0026

한경머니(2021.5.7). 신한은행, 맞춤형 자산관리 플랫폼 'MY 자산' 리뉴얼.
https://magazine.hankyung.com/money/article/202105077384c

Telecom Review Asia(2024.2.5). KakaoBank boosts AI innovation with strategic lab establishment.
https://www.telecomreviewasia.com/news/network-news/3937-kakaobank-boosts-ai-innovation-with-strategic-lab-establishment/

07
핀테크의 미래

AI의 도입은 핀테크 혁신의 가속화를 이끌고 있으며, 고객 맞춤형 금융 서비스, 리스크 관리, 자동화된 자산 관리, 대출 심사 등 다양한 분야에서 금융의 혁신을 실현하고 있다. AI와 핀테크가 만들어 가는 금융의 미래는 더 많은 사람들에게 금융 서비스를 제공하고, 효율성과 접근성을 극대화하며, 전 세계 금융 생태계를 근본적으로 변화시키고 있다.

AI와 윤동주?

AI와 핀테크의 결합: 맞춤형 서비스의 시대

AI는 고객의 데이터를 실시간으로 분석하여 각 개인에게 맞춤형 금융 서비스를 제공하는 데 핵심적인 역할을 하고 있다. 전통적인 금융 서비스에서는 고객의 요구를 파악하고 맞춤형 상품을 제안하는 데 한계가 있었으나, AI는 방대한 데이터를 분석해 개인화된 설루션(solution)을 제공한다. 이러한 맞춤형 서비스는 고객의 만족도를 높이고, 금융사에는 더 큰 기회를 제공하는 혁신적인 변화다.

카카오뱅크의 AI 기반 대출 심사

한국의 카카오뱅크는 AI 기반의 대출 심사 시스템을 통해 금융 혁신을 주도하고 있다. 전통적인 대출 심사 과정에서는 주로 신용 점수에 의존해 대출 여부가 결정되었으나, 카카오뱅크는 AI를 통해 신용 점수 외에도 고객의 다양한 데이터를 분석하여 보다 정교한 신용 평가를 수행한다. 이 시스템은 고객의 금융 거래 내역, 지출 패턴, 직업, 소득 등 다양한 데이터를 실시간으로 분석하여, 보다 공정한 대출 심사를 가능하게 한다.

예를 들어, 카카오뱅크는 전통적인 금융 기관에서 대출을 받기 어려웠던 고객들도 AI의 데이터 분석을 통해 대출을 받을 수 있는 기회를 제공한다. 이는 금융 접근성을 크게 확대하는 결과를 가져왔으며, 고객은 더 빠르고 정확한 대출 심사 과정을 경험하게 되었다. 또한 AI 기반 심사는 고객의 대출 승인을 자동화하여 처리 시간을 단축하고, 대출 신청 과정에서 발생할 수 있는 인적 오류를 최소화한다.

카카오뱅크의 AI 대출 심사 시스템은 기존의 신용 평가 모델을 혁신적으로 개선한 사례로, 금융 기관의 리스크 관리 능력을 강화하고, 더 많은 고객이 금융 서비스에 쉽게 접근할 수 있도록 돕고 있다.

토스의 AI 기반 맞춤형 금융 서비스

한국의 대표적인 핀테크(FinTech) 기업 '토스(Toss)'는 AI를 활용한 맞춤형 금융 서비스를 통해 고객의 금융 생활을 혁신하고 있다. 토스는 고객의 금융 데이터를 분석하여 개인 맞춤형 금융 상품을 추천하며, 대출, 보험, 카드 등의 다양한 상품을 고객의 재정 상태와 소비 패턴에 맞게 최적화하여 제안한다.

토스는 AI 알고리즘을 활용해 고객의 금융 습관을 분석하고, 실시간으로 최적의 금융 상품을 추천한다. 고객의 신용 정보를 바탕으로 대출 한도를 산출하고, 이에 적합한 대출 상품을 제공함으로써 금융 접근성을 높인다. 또한 토스는 맞춤형 금융 상품 추천뿐만 아니라, 고객이 일상적으로 사용하는 금융 서비스를 더욱 간편하게 관리할 수 있도록 지원한다. AI는 고객의 월간 지출을 분석해 불필요한 구독 서비스나 지출 항목을 추천하고, 저축이나 투자로 전환할 수 있는 방법을 제시한다.

토스의 AI 기반 맞춤형 서비스는 고객의 요구를 더 세밀하게 분석하고, 이를 바탕으로 맞춤형 상품을 제공함으로써 금융 경험을 혁신적으로 변화시키고 있다. 이는 고객이 더 나은 금융 결정을 내릴 수 있도록 돕고, 금융사에는 더 많은 고객을 대상으로 한 마케팅 기회를 제공한다.

AI와 핀테크: 자동화된 자산 관리의 도래

AI와 핀테크의 결합은 자산 관리 분야에서 큰 변화를 이끌고 있다. 과거에는 자산 관리를 위해 전문 금융 자문가나 고비용의 금융 서비스를 이용해야 했으나, AI 기반의 로보어드바이저는 이러한 자산 관리 과정을 자동화하여 대중화하고 있다. 로보어드바이저는 고객의 재정 상태, 투자 목표, 리스크 선호도를 분석해 맞춤형 포트폴리오를 구성하고, 시장 변동에 따라 자동으로 조정한다. 이는 투자 경험이 부족한 개인 투자자들에게도 고급 자산 관리 서비스를 제공하며, 더 많은 사람들이 투자에 참여할 수 있도록 만든다.

웰스프론트의 AI 기반 자산 관리

미국의 핀테크 기업 웰스프론트(Wealthfront)는 AI 기반의 로보어드바이저를 통해 자산 관리를 자동화하는 대표적인 사례다. 웰스프론트는 고객의 재정 목표와 투자 성향을 바탕으로 포트폴리오를 자동으로 구성하고, 시장의 변동성에 따라 실시간으로 투자 전략을 조정한다.

웰스프론트는 AI가 분석한 데이터를 기반으로 자산을 재분배하거나, 시장의 변화에 따라 자동으로 리밸런싱을 수행하여 투자자들의 수익을 극대화한다. 고객은 별도의 금융 지식 없이도 고품질의 자산 관리 서비스를 제공받을 수 있으며, 투자 경험이 없는 사람들도 글로벌 자산 시장에 쉽게 접근할 수 있다.

웰스프론트는 또한 절세 전략을 AI로 자동화하여, 고객이 투자 수익을 극대화하는 동시에 세금을 최소화할 수 있도록 돕는다. 이는 투자자의 실질적인 수익을 높이는 데 기여하며, 특히 고비용 자산 관리 서비스를 이용하기 어려운 소액 투자자들에게 큰 혜택을 제공한다.

한국의 파운트 로보어드바이저

한국에서도 AI 기반 자산 관리 서비스가 빠르게 확산하고 있다. 그중 대표적인 서비스가 파운트(Fount)다. 파운트는 AI를 통해 글로벌 자산 데이터를 분석하고, 이를 바탕으로 투자자에게 맞춤형 자산 관리 전략을 제공한다. 파운트의 로보어드바이저는 고객의 투자 성향과 재정 목표를 실시간으로 분석하고, 시장 상황에 따라 자산을 자동으로 배분하여 관리한다.

특히 파운트는 글로벌 투자 기회를 제공해, 국내외 자산에 대한 접근성을 높이고 있다. 이를 통해 한국의 개인 투자자들도 해외 주식, 채권, 이티에프(ETF)와 같은 다양한 자산에 쉽게 투자할 수 있게 되었으며, AI는 이 모든 과정을 자동으로 관리해 준다. 이는 자산 관리에 시간과 노력을 절약할 수 있게 해 주며, 장기적인 자산 성장을 도모할 수 있도록 돕는다.

AI와 리스크 관리: 금융 범죄 예방과 사기 방지

AI는 금융 리스크 관리에서도 중요한 역할을 하고 있다. 특히 AI는 금융 거래에서 발생할 수 있는 사기 행위를 실시간으로 감지하고, 이상 거래를 신속하게 파악해 금융 범죄를 예방하는 데 큰 기여를 하고 있다. AI는 방대한 양의 금융 데이터를 분석하여 거래 패턴을 파악하고, 비정상적인 거래가 발생할 경우 이를 즉각 차단하는 시스템을 제공한다.

시티그룹의 AI 기반 사기 감지 시스템

글로벌 금융사 시티그룹(Citigroup)은 AI를 활용한 사기 감지 시스템을 운영하여, 금융 거래에서 발생하는 사기 행위를 실시간으로 감지하고 있다. 시티그룹의 AI 시스템은 매일 수천 건의 금융 거래 데이터를 분석하여 이상 징후를 파악하고, 비정상적인 거래가 발생할 경우 이를 신속하게 차단한다.

예를 들어, AI는 고객의 과거 거래 패턴과 비교해 이례적인 큰 금액의 이체나 갑작스러운 해외 거래가 발생할 경우 이를 즉시 경고하고, 고객의 자산을 보호하기 위한 조치를 취한다. 이러한 AI 기반 사기 감지 시스템은 전통적인 금융 사기 방지 방법보다 훨씬 빠르고 정교하게 작동하며, 금융사와 고객 모두에게 큰 안전망을 제공한다.

AI와 빅 데이터: 금융의 새로운 기회를 열다

AI와 빅 데이터의 결합은 핀테크 혁신의 또 다른 축을 형성하고 있다. AI는 방대한 금융 데이터를 분석해 새로운 인사이트를 도출하고, 이를 기반으로 고객 맞춤형 금융 상품을 개발하는 데 기여하고 있다. 이는 전통적인 금융 서비스에서는 불가능했던 정교한 데이터 분석과 예측을 가능하게 만들어, 새로운 비즈니스 기회를 창출하는 데 중요한 역할을 한다.

신한은행의 AI 기반 빅 데이터 분석

한국의 신한은행은 AI와 빅 데이터를 결합해 고객의 소비 패턴과 금융 행동을 분석하고, 이를 바탕으로 맞춤형 금융 상품을 추천하는 시스템을 운영하고 있다. 신한은행의 AI 시스템은 고객의 금융 거래 내역과 소비 습관을 분석해, 각 고객에게 가장 적합한 대출 상품, 신용카드, 저축 상품 등을 추천하며, 이를 통해 고객 만족도를 높이고 있다.

또한 AI는 고객의 소비 패턴을 기반으로 예산 계획을 수립하고, 소비자가 저축 목표를 달성할 수 있도록 돕는다. 이는 고객이 자신의 재정을 보다 효과적으로 관리할 수 있도록 지원하며, 더 나은 금융 결정을 내릴 수 있게 한다.

AI와 핀테크의 미래

AI는 핀테크 혁신의 중심에서 금융의 미래를 이끌고 있으며, 그 영향력은 앞으로도 더욱 커질 것이다. AI와 핀테크의 결합은 금융 서비스의 자동화, 맞춤형 서비스 제공, 리스크 관리, 자산 관리 등 다양한 분야에서 새로운 기회를 창출하고 있다. 이러한 변화는 더 많은 사람들이 금융 서비스에 쉽게 접근할 수 있도록 만들며, 금융 생태계의 문턱을 낮추고 있다.

앞으로 AI와 핀테크가 만들어 가는 금융 혁신은 고객 경험을 더욱 향상하고, 금융의 효율성을 극대화하는 데 중요한 역할을 할 것이다. 또한 AI와 빅 데이터의 결합은 새로운 금융 상품과 서비스 개발을 촉진하고, 기존의 금융 모델을 근본적으로 재편할 가능성을 열어 주고 있다. AI와 핀테크가 함께 이끄는 금융 혁신의 미래는 무궁무진하며, 이는 금융 서비스의 민주화와 더불어 전 세계 금융 시장의 변화를 가속화할 것이다.

08
디지털 금융의 시대

AI는 전통적인 금융 서비스의 한계를 뛰어넘어, 금융 기관과 소비자 모두에게 효율적이고 혁신적인 서비스를 제공하고 있다. AI는 데이터 분석, 맞춤형 금융 상품 제공, 자동화된 서비스, 리스크 관리 등 다양한 분야에서 금융의 패러다임을 변화시키고 있으며, 이를 통해 금융 소비자들은 보다 편리하고 빠른 서비스를 경험할 수 있다. 디지털 금융의 혁신은 AI를 중심으로 급속히 확산하고 있으며, 이는 금융 업계의 미래를 새롭게 정의하고 있다.

AI와 한의학?

AI 기반 맞춤형 금융 서비스

AI는 방대한 데이터를 분석해 고객의 요구와 금융 상황에 맞춘 맞춤형 금융 서비스를 제공하는 데 중요한 역할을 하고 있다. 과거에는 고객이 금융 상품을 선택할 때 제한된 정보와 일괄적인 조건을 따를 수밖에 없었으나, AI는 각 개인의 재정 상황, 소비 패턴, 투자 성향 등을 분석해 가장 적합한 금융 상품을 추천하고, 더 나은 선택을 할 수 있도록 돕는다.

신한은행의 AI 기반 맞춤형 금융 상품 추천

한국의 대표적인 금융 기관 신한은행은 AI 기술을 활용하여 맞춤형 금융 상품 추천 서비스를 제공하고 있다. 신한은행의 AI 시스템은 고객의 금융 거래 내역, 신용 정보, 소비 패턴 등을 분석해 각 고객에게 가장 적합한 대출, 예금, 보험 상품을 추천한다. 이를 통해 고객은 자신에게 맞는 상품을 쉽게 찾을 수 있으며, 금융 상품 선택의 효율성이 크게 향상한다.

예를 들어, AI는 고객의 월 소득, 소비 패턴을 분석해 불필요한 지출 항목을 추천하고, 그 금액을 저축이나 투자로 전환할 수 있는 상품을 제안한다. 고객은 AI의 분석을 바탕으로 자신에게 맞는 금융 결정을 내릴 수 있으며,

이는 더 나은 금융 생활을 가능하게 한다.

카카오뱅크의 AI 대출 심사 시스템

한국의 디지털 은행 카카오뱅크는 AI 기반의 대출 심사 시스템을 통해 대출 심사 과정의 혁신을 이끌고 있다. 기존의 대출 심사는 주로 신용 점수에 의존했으나, 카카오뱅크는 AI가 고객의 다양한 금융 데이터를 분석하여 보다 정교한 대출 심사를 진행한다. AI는 고객의 소득, 지출, 직업, 금융 거래 내역을 종합적으로 분석해 대출 신청자의 신용도를 평가하고, 더 빠르고 공정한 대출 승인을 가능하게 한다.

AI 대출 심사 시스템은 대출 승인 시간을 단축하고, 고객이 더 신속하게 대출을 받을 수 있도록 돕는다. 특히, 전통 금융사에서 대출이 어려웠던 고객들도 AI의 신용 평가를 통해 대출 가능성을 높일 수 있다. 이러한 AI 시스템은 금융 접근성을 확대하는 데 기여하고 있으며, 고객들에게 더 나은 금융 경험을 제공한다.

AI와 금융 자동화: 고객 서비스의 혁신

AI는 금융 서비스의 자동화에도 중요한 역할을 하고 있다. AI 기반의 자동화는 은행, 증권사, 보험사 등 다양한 금융 기관에서 고객 서비스의 효율성을 높이고, 24시간 내내 신속한 응대가 가능하게 한다. AI 기반의 챗봇은 고객의 질문을 실시간으로 처리하고, 일반적인 금융 상담이나 거래를 자동으로 처리할 수 있어 고객의 편의성을 크게 향상하고 있다.

KB국민은행과 신한은행의 AI 챗봇 '리브똑똑'

KB국민은행과 신한은행은 AI 챗봇 서비스 '리브똑똑'을 통해 고객 서비스의 자동화를 실현하고 있다. 이 챗봇은 고객의 금융 상담, 계좌 정보 조회, 거래 내역 확인 등의 업무를 자동으로 처리하며, 실시간으로 고객의 질문에 응답한다. 고객은 24시간 언제든지 리브똑똑을 통해 은행 업무를 처리할 수 있으며, 이는 고객 대기 시간을 줄이고, 더 나은 금융 서비스를 제공하는 데 기여하고 있다.

리브똑똑은 단순히 정보 제공에 그치지 않고, 고객의 금융 상황을 분석해 맞춤형 금융 상품을 추천하거나, 금융 거래에서 발생할 수 있는 문제를 실시간으로 해결해 준다. 예를 들어, 고객이 대출 상품을 문의하면, AI는 고객의 신용 정보를 기반으로 적합한 대출 상품을 추천하고, 대출 신청 과정을 간소화해 준다.

AI 기반 자산 관리: 로보어드바이저의 성장

AI는 자산 관리 분야에서도 중요한 역할을 하고 있다. 전통적인 자산 관리는 주로 전문가의 도움을 받아 이루어졌으나, AI 기반의 로보어드바이저는 자산 관리 과정을 자동화하여 비용을 절감하고 더 많은 사람들에게 투자 기회를 제공하고 있다. 로보어드바이저는 고객의 투자 성향, 재정 목표, 리스크 허용 범위를 분석해 최적화된 투자 포트폴리오를 자동으로 구성하고 관리한다.

파운트의 AI 기반 로보어드바이저

한국의 핀테크(FinTech) 기업 파운트(Fount)는 AI 기반의 로보어드바이저 서비스를 제공하여 자산 관리의 혁신을 이끌고 있다. 파운트의 AI 시스템은 글로벌 금융 시장 데이터를 실시간으로 분석해, 각 고객에게 맞춤형 투자 포트폴리오를 제안한다. 투자자는 파운트를 통해 자산 관리 전문가의 개입 없이도 자신만의 맞춤형 포트폴리오를 관리할 수 있으며, AI는 시장 상황에 따라 자동으로 자산을 재배분해 투자 성과를 극대화한다.

파운트는 국내외 다양한 자산군에 접근할 수 있도록 지원하며, AI는 고객이 설정한 투자 목표와 리스크 선호도를 기반으로 장기적인 자산 성장을 도모한다. 이 시스템은 투자 경험이 부족한 사람들에게도 효과적인 자산 관리 서비스를 제공하며, 개인 투자자들이 글로벌 시장에 손쉽게 접근할 수 있도록 돕는다.

AI와 리스크 관리: 금융 범죄 예방과 사기 방지

AI는 리스크 관리와 금융 범죄 예방에서도 중요한 역할을 하고 있다. AI는 금융 거래 데이터를 실시간으로 분석해 이상 징후를 감지하고, 금융 사기나 비정상적인 거래를 사전에 차단할 수 있는 능력을 제공한다. 이는 전통적인 금융 보안 시스템보다 더 정교하고 빠르게 작동하여 금융 범죄를 예방하는 데 큰 기여를 하고 있다.

하나은행의 AI 기반 리스크 관리 시스템

하나은행은 AI를 활용한 리스크 관리 시스템을 도입하여 금융 범죄 예방에 앞장서고 있다. 이 시스템은 고객의 금융 거래 데이터를 실시간으로 분석해, 비정상적인 거래 패턴을 감지하면 즉각 경고를 보내고 거래를 차단한다. AI는 고객의 평소 거래 내역을 학습하고, 이를 바탕으로 거래 이상 징후를 빠르게 파악해 금융 사기로 인한 피해를 최소화한다.

하나은행의 AI 시스템은 특히 해외 송금이나 큰 금액

의 이체와 같은 고위험 거래에서 더 효과적으로 작동하며, 사기나 불법적인 금융 활동을 사전에 예방하는 데 중요한 역할을 하고 있다. 이를 통해 고객은 안전하게 금융 거래를 할 수 있으며, 금융사는 신뢰성을 유지할 수 있다.

AI와 빅 데이터의 융합: 새로운 금융 상품 개발

AI와 빅 데이터의 융합은 금융 상품 개발에 새로운 기회를 제공하고 있다. AI는 빅 데이터를 분석해 금융 소비자의 요구를 예측하고, 이에 맞춘 맞춤형 금융 상품을 개발할 수 있다. 또한 AI는 고객의 금융 데이터를 바탕으로 새로운 상품의 성과를 실시간으로 분석해 금융사에 더 나은 마케팅 전략을 제공할 수 있다.

NH투자증권의 AI 기반 투자 상품 개발

NH투자증권은 AI와 빅 데이터를 활용해 새로운 투자 상품을 개발하고 있다. AI는 시장 데이터를 분석해 향후 시장 변동을 예측하고, 이를 바탕으로 고객에게 맞는 투자 상품을 추천한다. 예를 들어, AI는 고객의 투자 성향과 목표를 분석해, 특정 자산군에 대한 추천을 실시간으로 제공하며, 이를 통해 고객은 보다 높은 수익을 기대할 수 있다.

NH투자증권의 AI 시스템은 투자자들의 수익률을 극대화할 수 있는 맞춤형 투자 전략을 제공하며, 고객이 투자 결정을 내리는 데 필요한 정보를 신속하게 제공한다. 이를 통해 투자자들은 더 나은 결정을 내릴 수 있으며, 금융사도 더 많은 고객을 유치할 수 있게 된다.

AI가 가져온 디지털 금융의 혁신

AI는 디지털 금융 시대에서 가장 중요한 혁신 요소 중 하나로 자리 잡고 있다. AI는 맞춤형 금융 서비스 제공, 자동화된 자산 관리, 리스크 관리, 금융 범죄 예방 등 다양한 분야에서 금융의 변화를 주도하고 있으며, 이를 통해 금융 소비자들은 더 빠르고 효율적인 서비스를 경험하고 있다. AI와 빅 데이터의 융합은 새로운 금융 상품 개발에도 기여하고 있다. 앞으로 AI가 금융 산업을 어떻게 더 변화시킬지 기대가 크다.

디지털 금융의 시대는 이제 AI와 함께 더 빠르게 진화하고 있으며, 이는 금융 기관과 소비자 모두에게 새로운 기회를 제공하고 있다. AI가 가져온 혁신적인 금융 서비스는 앞으로 더 많은 사람들이 금융 서비스에 쉽게 접근할 수 있도록 만들고 있으며, 이를 통해 금융의 민주화가 실현되고 있다.

09
AI와 금융 리스크 관리

금융 산업은 본질적으로 다양한 리스크와 맞서 싸우는 환경 속에서 운영된다. 시장 변동성, 신용 위험, 운영상의 리스크 등 다양한 금융 위험 요소들은 금융 기관에게 커다란 도전 과제를 제시한다. 이러한 리스크를 효과적으로 관리하는 것은 금융 기관의 안정성과 지속 가능성에 매우 중요하다. AI는 기존의 리스크 관리 방식이 가진 한계를 극복하는 데 중추적인 역할을 하고 있다. AI는 데이터를 실시간으로 분석하고, 비정상적인 패턴을 감지하며, 예측 모델을 통해 금융 리스크를 사전에 식별하고 대응할 수 있는 능력을 제공한다.

AI와 화장품?

AI가 금융 리스크 관리에 도입된 배경

전통적으로 금융 리스크 관리는 주로 과거 데이터를 바탕으로 한 예측 모델에 의존했다. 이는 특정 패턴이나 규칙을 발견해 리스크를 관리하는 데 유용했지만, 갑작스러운 시장 변화나 예기치 못한 리스크에 대해 즉각적인 대응을 하는 데는 한계가 있었다. 데이터의 양이 방대해지면서, 이를 실시간으로 분석하고 대응하는 것은 더욱 어려운 과제가 되었다. 이러한 배경에서 AI는 방대한 양의 데이터를 실시간으로 분석하고, 빠르게 변화하는 시장 상황에 적응할 수 있는 도구로 주목받게 되었다.

AI는 머신 러닝 알고리즘을 통해 데이터를 스스로 학습하고, 이를 바탕으로 더욱 정교한 예측 모델을 구축할 수 있다. AI를 이용하여 금융 기관은 더 많은 정보를 활용해 리스크를 보다 정확하게 분석하고, 리스크 발생 가능성을 사전에 감지할 수 있다.

AI 기반의 리스크 관리: 실시간 데이터 분석과 예측

AI가 금융 리스크 관리에서 가장 큰 역할을 하는 부분은 실시간 데이터 분석과 예측 능력이다. AI는 시장의 움직임과 고객의 금융 거래 데이터를 실시간으로 모니터링해 이상 징후를 감지할 수 있다. 이를 통해 금융 기관은 갑작스러운 시장 변화나 비정상적인 금융 거래에 신속하게 대응할 수 있다.

JP모건의 AI 기반 시장 리스크 관리 시스템

미국의 대형 금융 기관 JP모건(JPMorgan)은 AI 기반의 리스크 관리 시스템을 운영하고 있다. JP모건의 AI 시스템은 실시간으로 시장 데이터를 분석해 잠재적인 리스크를 감지하고, 이를 사전에 경고한다. AI는 시장의 변동성, 주요 경제 지표, 글로벌 이벤트 등을 분석해 자산 가격이 급변할 가능성이 있는 시점을 예측한다. 이러한 시스템은 과거에는 몇 시간이 걸리던 시장 분석을 몇 분 내에 처리할 수 있어, 리스크 대응 속도를 크게 개선했다.

또한 JP모건의 AI 시스템은 금융 상품의 가격 변동성과 유동성을 실시간으로 분석해, 자산 관리 및 투자 전략에 있어서 리스크를 최소화하는 방법을 제시한다. AI는 인간의 개입 없이도 대규모 데이터를 분석해 패턴을 식별하고, 리스크 발생 시기를 예측해 금융 기관의 리스크 대응 전략을 더 정교하게 만들어 준다.

AI와 신용 리스크 관리: 신용 평가의 혁신

신용 리스크는 금융 기관이 직면하는 중요한 위험 요소 중 하나다. 전통적으로 신용 리스크 관리는 고객의 신용 점수와 같은 과거 데이터를 기반으로 이루어졌지만, 이는 일부 고객들에게 불리하게 작용할 수 있었다. 예를 들어, 과거에 대출 기록이 없거나 신용 거래 이력이 적은 고객은 신용 점수가 낮게 평가되어 금융 서비스 이용이 어려운 경우가 많았다.

AI는 이러한 신용 리스크 관리에 혁신을 가져왔다. AI는 고객의 다양한 데이터를 분석해 기존의 신용 평가 방식보다 더 포괄적이고 공정한 평가를 제공할 수 있다. 고객의 금융 거래 내역, 소비 패턴, 직업 안정성 등 다양한 데이터를 실시간으로 분석해 신용 리스크를 평가함으로써, 더 많은 사람들이 금융 서비스에 접근할 수 있는 기회를 제공한다.

업스타트의 AI 기반 신용 평가 시스템

미국의 핀테크(FinTech) 기업 업스타트(Upstart)는 AI를 활용해 신용 평가 시스템을 혁신했다. 전통적인 신용 점수 모델이 아닌, AI 알고리즘을 통해 대출 신청자의 학력, 직업, 소득 수준, 소비 습관 등을 종합적으로 분석해 신용을 평가한다. 이를 통해 기존 신용 평가 방식에서는 대출이 어려웠던 고객들도 대출 기회를 제공받게 된다. AI는 대출 신청자의 다양한 데이터를 실시간으로 분석해, 대출 상환 가능성을 예측하고 리스크를 평가한다. 이러한 시스템은 금융 기관이 대출 리스크를 효과적으로 관리할 수 있게 해 주며, 대출 승인 절차를 간소화하고 보다 공정한 대출 결정을 가능하게 한다. 또한 AI는 과거 데이터를 학습해 시간이 지남에 따라 신용 평가의 정확성을 더욱 높일 수 있다.

AI와 운영 리스크 관리: 사기 방지와 이상 거래 감지

AI는 운영 리스크 관리에서 중요한 역할을 하고 있다. 특히 금융 거래에서 발생하는 사기나 비정상적인 거래를 실시간으로 감지해 이를 차단하는 데 AI는 매우 유용한 도구로 사용된다. AI는 수많은 금융 거래 데이터를 분석해 정상적인 거래 패턴과 비정상적인 거래 패턴을 구분할 수 있으며, 이를 통해 사기 행위나 돈세탁과 같은 금융 범죄를 예방할 수 있다.

HSBC의 AI 기반 사기 방지 시스템

글로벌 금융사 HSBC는 AI를 활용한 사기 방지 시스템을 구축해 운영 리스크 관리에 성공적으로 활용하고 있다. HSBC의 AI 시스템은 고객의 금융 거래 내역을 실시간으로 분석해 비정상적인 거래 패턴을 감지하면 즉시 경고 신호를 보내고 거래를 차단한다.

예를 들어 갑작스럽게 대규모 자금이 해외로 송금되거나, 고객의 평소 거래와 다른 형태의 고액 결제가 발생할 경우 AI는 이를 감지해 해당 거래를 일시적으로 차단하고 고객에게 알림을 보낸다. 이를 통해 사기 행위가 발생하기 전에 예방 조치를 취할 수 있으며, 고객의 자산을 안전하게 보호할 수 있다.

또한 AI 시스템은 금융 거래에서 발생할 수 있는 돈세탁과 같은 불법 행위도 감지할 수 있다. HSBC는 AI를 통해 금융 기관 내부의 운영 리스크를 줄이고, 금융 거래의 투명성을 높이는 데 기여하고 있다.

AI와 규제 리스크: 새로운 규제 환경에 적응하기

AI는 금융 기관이 변화하는 규제 환경에 적응하는 데도 중요한 역할을 한다. 금융 기관은 점점 더 복잡해지는 규제 요구 사항을 준수해야 하며, 규제 리스크를 관리하는 데 많은 자원을 투입해야 한다. AI는 규제 데이터를 자동으로 분석하고, 새로운 규제 요건에 맞춰 금융 기관의 내부 절차를 조정함으로써 규제 리스크를 줄이는 데 기여한다.

골드만삭스의 AI 기반 규제 준수 시스템

골드만삭스는 AI를 활용해 복잡한 금융 규제를 준수하는 데 필요한 프로세스를 자동화했다. AI 시스템은 글로벌 규제 데이터를 분석해 금융 기관이 준수해야 할 요건을 자동으로 파악하고, 각국의 금융 규제 변화에 맞춰 내부 시스템을 조정한다.

예를 들어, 새로운 규제가 시행되면 AI는 해당 규제에 맞춰 금융 기관의 절차를 업데이트하고, 이에 맞는 내부 보고서를 자동으로 생성한다. 이를 통해 금융 기관은 규제 리스크를 최소화하면서도 효율적으로 규제에 대응할 수 있다. AI는 규제 준수와 관련된 비용과 시간을 크게 줄이며, 금융 기관이 변화하는 규제 환경에 신속하게 적응할 수 있도록 돕는다.

AI와 금융 리스크 관리의 미래

AI는 금융 리스크 관리에서 혁신적인 도구로 자리 잡고 있으며, 실시간 데이터 분석, 신용 리스크 평가, 운영 리스크 관리, 규제 준수 등 다양한 분야에서 금융 기관의 리스크 관리 역량을 강화하고 있다. AI는 기존의 리스크 관리 방식이 가진 한계를 극복하고, 더욱 정교하고 빠르게 리스크를 식별하고 대응할 수 있는 능력을 제공한다.

앞으로 AI는 금융 리스크 관리에서 더욱 중요한 역할을 할 것이며, 금융 기관들은 AI를 통해 변화하는 시장 환경에 더욱 유연하고 효과적으로 대응할 수 있을 것이다. AI가 금융 리스크 관리에 가져오는 새로운 접근법은 금융 기관의 안정성을 강화하고, 고객에게 더 안전하고 신뢰할 수 있는 금융 서비스를 제공하는 데 기여할 것이다.

10
AI 시대의 윤리적 금융

인공지능(AI)은 금융 서비스의 자동화와 맞춤형 제공을 통해 효율성을 극대화하고 있지만, 동시에 윤리적 문제와 개인 정보 보호 및 보안에 대한 새로운 과제를 안겨 주고 있다. 금융 서비스에서 AI의 활용이 확대됨에 따라, 방대한 금융 데이터가 AI 알고리즘을 통해 처리되면서 개인 정보 보호와 데이터 보안 문제는 더욱 중요해졌다. 이 글에서는 AI 시대의 금융 윤리 문제를 중심으로, 개인 정보 보호와 보안이 금융 서비스에서 왜 중요한지, 그리고 이를 보호하기 위한 방안들을 살펴보고자 한다.

종교와 AI?

AI 시대 금융의 윤리적 과제

AI는 금융 서비스에서 대량의 데이터를 실시간으로 분석하고, 이를 바탕으로 맞춤형 금융 상품을 제공하거나 리스크를 관리하는 데 중요한 역할을 하고 있다. 그러나 이러한 과정에서 고객의 민감한 금융 데이터가 대량으로 수집되고 처리되면서, 개인 정보 보호와 데이터의 오용 문제는 주요 윤리적 과제로 부상하고 있다.

AI가 금융 데이터를 처리할 때 가장 큰 위험 중 하나는 데이터 편향성이다. AI 알고리즘은 과거 데이터를 학습해 결정을 내리기 때문에, 잘못된 데이터가 학습되면 편향된 결과를 초래할 수 있다. 예를 들어, 특정 인종이나 지역에 대한 차별적인 신용 평가가 발생할 수 있으며, 이는 사회적 불평등을 더욱 심화시킬 수 있다. 따라서 AI를 이용한 금융 서비스는 공정하고 윤리적인 데이터 처리를 보장해야 한다.

또한 AI 시스템이 자동으로 금융 결정을 내리기 때문에, 의사 결정의 투명성도 중요한 이슈로 떠오르고 있다. 고객은 AI가 어떻게 자신에 대한 결정을 내렸는지 알기 어려운 경우가 많으며, 이는 금융 서비스에 대한 신뢰를 저하시킬 수 있다. 따라서 금융 기관들은 AI가 내리는 결정을 고객이 이해할 수 있도록 설명하는 알고리즘의 투명성을 확보해야 한다.

개인 정보 보호: AI 금융의 핵심 윤리 문제

AI가 금융 서비스에서 광범위하게 사용되면서, 개인 정보 보호는 그 어느 때보다 중요한 이슈가 되고 있다. 금융 기관들은 고객의 신용 정보, 거래 내역, 소비 패턴 등 민감한 데이터를 대량으로 수집하고 처리하며, 이 데이터는 AI 알고리즘의 학습과 예측에 사용된다. 그러나 이 과정에서 개인 정보가 유출되거나 오용될 위험이 존재하며, 이는 고객의 프라이버시를 침해할 수 있다.

페이스북-케임브리지 애널리티카 사건

개인 정보 보호의 중요성을 보여 주는 대표적인 사건 중 하나는 페이스북-케임브리지 애널리티카 스캔들이다. 이 사건에서 페이스북은 사용자 데이터를 케임브리지 애널리티카에 제공했으며, 이 데이터는 정치적 목적을 위해 사용되었다. 이 사건은 대규모 개인 정보 유출의 위험성을 보여 주었으며, AI 시대에 데이터 보호가 얼마나 중요한지를 환기시켰다.

금융 기관 역시 고객의 금융 데이터를 오용하지 않도록 철저한 개인 정보 보호 정책을 시행해야 한다. 특히

AI를 활용한 데이터 분석에서는 고객의 동의 없이 데이터를 수집하거나, 그 용도를 넘어선 활용을 하는 일이 없도록 규제를 강화할 필요가 있다.

GDPR(일반 데이터 보호 규정)의 도입

유럽연합(EU)은 개인 정보 보호를 강화하기 위해 GDPR(General Data Protection Regulation, 일반 데이터 보호 규정)을 도입했다. 이 규정은 기업이 고객 데이터를 수집하고 처리하는 방식에 대한 엄격한 기준을 설정하고, 고객의 동의 없이 개인 정보를 수집하거나 제3자와 공유하는 것을 금지하고 있다. 금융 기관들은 GDPR과 같은 규제를 준수함으로써, AI가 금융 데이터를 처리하는 과정에서 고객의 개인 정보를 보호해야 한다.

데이터 보안: AI 시대 금융의 필수 요소

AI가 금융 서비스에서 널리 사용됨에 따라, 데이터 보안 역시 중요한 과제가 되고 있다. AI는 금융 데이터를 실시간으로 처리하고, 이를 바탕으로 금융 상품을 제공하거나 리스크를 관리한다. 그러나 이러한 데이터가 해커나 사이버 범죄자들에게 노출될 경우, 막대한 피해를 초래할 수 있다.

은행 해킹과 사이버 공격

최근 몇 년 동안 대형 금융 기관들이 해킹 공격을 당해 고객의 금융 정보가 유출되는 사건이 빈번하게 발생했다. JP모건체이스(JPMorgan Chase), 방코 산탄데르(Banco Santander) 등 글로벌 금융 기관들이 해커의 공격을 받아 고객 계좌 정보가 유출된 사건은 금융 보안의 취약성을 보여 준다. AI 시대에서는 이러한 공격을 더욱 정교하게 방어할 필요가 있으며, 이를 위해 AI를 활용한 사이버 보안 시스템이 필수적이다.

AI는 금융 보안에서도 중요한 역할을 할 수 있다. AI는 실시간으로 금융 거래를 모니터링하고, 비정상적인 거래 패턴을 감지해 사기나 해킹 시도를 사전에 차단할 수 있다. 또한 AI는 고객의 금융 데이터를 암호화해 안전하게 보호하며, 해커의 공격에 대해 실시간으로 대응할 수 있다.

HSBC의 AI 기반 보안 시스템

글로벌 금융사 HSBC는 AI 기반의 보안 시스템을 도입해 고객의 금융 데이터를 보호하고 있다. HSBC는 AI를 통해 고객의 거래 패턴을 분석하고, 비정상적인 거래가 발생할 경우 이를 즉시 차단하는 시스템을 운영하고 있다.

예를 들어, 갑작스러운 대규모 해외 송금이나 이상 거래가 감지되면 AI는 이를 자동으로 차단하고 고객에게 경고 메시지를 보낸다. 이를 통해 금융 사기와 사이버 공격을 실시간으로 방어할 수 있다.

윤리적 금융을 위한 방안

AI 시대의 금융에서 윤리적 문제와 개인 정보 보호를 해결하기 위해서는 몇 가지 중요한 조치가 필요하다.

알고리즘의 투명성

AI가 금융 결정을 내리는 과정에서 투명성을 확보하는 것이 중요하다. 고객은 AI가 어떻게 자신에 대한 신용 평가나 금융 상품 추천을 결정했는지 알 수 있어야 한다. 이를 위해 금융 기관은 AI의 의사 결정 과정을 설명할 수 있는 시스템을 구축해야 하며, 고객이 이해할 수 있는 방식으로 정보를 제공해야 한다.

개인 정보 보호 규제 강화

금융 기관은 고객의 데이터를 보호하기 위해 더 강력한 개인 정보 보호 정책을 수립해야 한다. GDPR과 같은 규제를 준수하고, 고객의 동의를 받지 않은 데이터 수집과 사용을 엄격히 금지해야 한다. 또한 금융 데이터의 암호화와 보안 강화를 통해 고객의 개인 정보 유출을 방지해야 한다.

AI 기반 보안 시스템 도입

금융 기관은 사이버 보안을 강화하기 위해 AI 기반의 보안 시스템을 도입해야 한다. AI는 실시간으로 금융 거래를 모니터링하고, 비정상적인 거래나 해킹 시도를 감지해 이를 차단할 수 있는 능력을 가지고 있다. 이러한 시스템은 금융 사기와 사이버 공격으로부터 고객의 자산을 보호하는 데 중요한 역할을 한다.

AI 시대의 윤리적 금융

AI가 금융 산업에 가져온 혁신은 효율성과 편리함을 크게 향상했지만, 개인 정보 보호와 보안 문제는 여전히 중요한 윤리적 과제로 남아 있다. 금융 기관들은 AI를 통해 더 나은 금융 서비스를 제공하면서도, 고객의 개인 정보를 안전하게 보호하고 윤리적인 방식으로 데이터를 처리해야 한다. 알고리즘의 투명성 확보와 개인 정보 보호 규제 준수, AI 기반의 보안 시스템 도입은 윤리적 금융을 실현하기 위한 필수 조치다.

AI 시대의 윤리적 금융은 기술의 발전과 함께 고객의 신뢰를 유지하는 데 중요한 역할을 하며, 이를 통해 더 안전하고 투명한 금융 환경을 조성할 수 있을 것이다.

참고문헌

BBC(2020.10.29). Facebook sued over cambridge analytica data scandal.
https://www.bbc.com/news/technology-54722362

Daily Dot(2021.5.21). The fallout from facebook's cambridge analytica data crisis.
https://www.dailydot.com/layer8/facebook-cambridge-analytica-timeline

Wikipedia(n.d.) Facebook – cambridge analytica data scandal.
https://en.wikipedia.org/wiki/Facebook%E2%80%93Cambridge_Analytica_data_scandal

임명수

핀테크 전문 신문인 ≪핀테크투데이≫의 대표 겸 발행인. 한국열린사이버대학교 AI융합학과 특임교수며, 사단법인 한국핀테크학회 감사로 재직 중이다. 가톨릭관동대학교 창업대학원에서 기술창업을 전공하여 기술창업 석사 학위를 취득하였으며, IBK기업은행에서 20년 근무하고 IMF 상황에 퇴직하여 핀테크 회사 등 10여 개의 회사를 창업하여 운영하였다. 서울블록체인지원센터 센터장과 서울청년창업사관학교 코치를 지내는 등 청년 창업의 일선에서 활동하였다. 핀테크의 전도사를 자임하여 핀테크의 아버지라는 별명을 가지고 있기도 하다. 은행에 재직 중에는 『어느 은행원의 세상 바라보기』라는 시집을 내기도 하였으며, 문학 동인 '심목', '서울문학'에 가입하여 문학 활동을 하였고, ≪언어세계≫라는 종합 문예지 편집장을 하였다. 또한 영화에도 관심이 많아 〈흔들리는 오후〉, 〈광고공화국〉, 〈나 예쁘니?〉 등 단편영화를 제작하기도 하였고 "아! 우끼시마호", "못 다 부른 노래", "볼케이노 인 서울"이라는 제목의 시나리오를 쓰기도 하였다. 최근에는 블록체인계의 전문가들과 함께 『디지털 부자가 꼭 알아야 할 NFT』라는 암호 화폐 관련 실용서를 출간하고, 블록체인 관련 각종 단체에 가입하여 활동하는 등 블록체인 및 핀테크 영역의 확산에 힘을 쏟고 있다.